増補改訂版 「日本語能力試験」対策 日本語総まとめ N3
NIHONGO SO-MATOME

漢字
かんじ

|漢字|Kanji|汉字|한자|

はじめに

この本は
- 「日本語能力試験」N3合格を目指す人
- 初級が終わって中級レベルの漢字を勉強したい人
- 日常生活で役立つ漢字を勉強したい人

のための漢字学習書です。

◆この本の特長◆

・よく見る表示や文書などを使って、漢字と漢字で書くことばを勉強します。
・1日6～7字、6週間で336字、約850語を学びます。
・「言語知識（文字・語彙）」だけでなく、「読解」の試験でも役立つ漢字力が身につきます。
・1週間に1回分、テストがついているので、理解の確認ができます。
・英語・中国語・韓国語の訳がついているので一人でも勉強できます。
・模擬試験が2回分あるので、より実際のテストに近い形で確認ができます。

この本で覚える漢字は、毎日どこかで見る漢字ばかりです。
楽しく勉強していきましょう。

2022年8月
佐々木仁子・松本紀子

This kanji study book is for:
- those who are seriously studying for the new JLPT Level N3,
- those who have mastered the beginner's level and wish to learn the kanjis at the intermediate level,
- those who wish to learn useful daily kanjis.

◆ The special features of this book ◆
- You will study kanjis and words composed of kanjis through being exposed to many common signs and sentences,
- You will learn 6 or 7 kanjis a day, and a total of 336 kanjis and approximately 850 words in 6 weeks,
- You will learn not only "language knowledge" (kanjis and vocabulary), but kanji skills which will be useful in reading section of the test,
- The inclusion of a weekly test will enable you to regularly check your learning,
- The English, Chinese, and Korean translations will enable you to study alone,
- You can test your ability with the two JLPT practice exams.

The kanjis in this book are all useful and regularly used in daily life.
Let's enjoy learning!

此书是专为以下学习者设计的汉字辅导书：
・希望能通过新的"日语能力考试"N3 的人
・中级已学完，希望复习中级汉字的人
・希望学习在日常生活中有用汉字的人

◆此书的特长◆
・运用经常能看到的标志或文书，学习汉字及通过汉字学习书面表达。
・1天6～7字，6周时间学习336个字，850个词汇。
・不仅能掌握"言语知识（文字、词汇）"，还能通过提高汉字能力，利于"读解"考试。
・1周附有1回考试，能确认理解程度。
・因为附有英语、汉语、韩语的翻译，有利于自学。
・由于有两套模拟考试，可以以更接近实际考试的形式测试水平。

通过此书记住的汉字，全都是每天都会在什么地方看到的汉字。
让我们轻松快乐地学习吧。

이 책은
・새로운「일본어 능력 시험」N3 합격을 목표로 하는 사람
・중급을 마치고 중급레벨의 한자를 복습하고 싶은 사람
・일상 생활에 도움이 되는 한자를 공부하고 싶은 사람
을 위한 한자 학습서입니다.

◆이 책의 특징◆
・자주 보는 표시나 문자등을 사용해 한자와 한자로 쓰는 말을 공부합니다.
・하루 6～7자, 6주 동안에 336자, 850어를 배웁니다.
・「언어 지식（문자・어휘）」만이 아니라,「독해」시험에서도 도움이 되는 한자력이 몸에 뱁니다.
・1주에 1회분, 시험이 달려 있기 때문에 이해를 확인할 수 있습니다.
・영어・중국어・한국어의 번역이 달려 있어 혼자서도 공부할 수 있습니다.
・모의 테스트가 2회분 있으므로, 보다 실제 테스트에 가까운 형식으로로 실력을 확인할 수 있습니다.

이 책에서 외운 한자는 매일 어딘가에서 보는 한자뿐입니다.
즐겁게 공부해 갑시다.

目次
もくじ

「日本語能力試験」N3 について・・・・・・・・・・・・・・・・・・・・・・・・・・・・・・・・・・・・・・6
にほんごのうりょくしけん
About the Japanese-Language Proficiency Test (JLPT) Level N3
关于的"日语能力考试" N3　「일본어 능력시험」N3 에 대해서

この本の使い方・・・8
ほん つか かた
How to Use This Book　本书的使用方法　이 책의 사용법

第1週　でかける①・・11
だい しゅう
Go Out ①　外出①　외출하다①

1日目　駐車場　　　　　　2日目　横断歩道
にちめ ちゅうしゃじょう　　　　ふつかめ おうだんほどう
3日目　サイン　　　　　　4日目　駅のホーム
みっかめ　　　　　　　　　よっかめ えき
5日目　特急電車　　　　　6日目　バス
いつかめ とっきゅうでんしゃ　　むいかめ
7日目　復習＋もっと／まとめの問題
なのかめ ふくしゅう　　　　　　　もんだい

第2週　でかける②・・29
だい しゅう
Go Out ②　外出②　외출하다②

1日目　レストラン　　　　2日目　禁煙
にちめ　　　　　　　　　　ふつかめ きんえん
3日目　観光地図　　　　　4日目　街の地図
みっかめ かんこうちず　　　よっかめ まち ちず
5日目　病院　　　　　　　6日目　困ったときは
いつかめ びょういん　　　　むいかめ こま
7日目　復習＋もっと／まとめの問題
なのかめ ふくしゅう　　　　　　　もんだい

第3週　つかう・・・47
だい しゅう
Use　用　사용하다

1日目　要冷蔵　　　　　　2日目　消費期限
にちめ ようれいぞう　　　　ふつかめ しょうひきげん
3日目　自動販売機　　　　4日目　レシピ
みっかめ じどうはんばいき　よっかめ
5日目　コピー機・留守番電話　6日目　携帯電話
いつかめ　　き るすばんでんわ　むいかめ けいたいでんわ
7日目　復習＋もっと／まとめの問題
なのかめ ふくしゅう　　　　　　　もんだい

第4週 かう ··· 65
だい しゅう
Buy　买　사다

1日目 日用品　　　　　　　2日目 広告メール
にちめ にちようひん　　　　　ふつかめ こうこく
3日目 通信販売　　　　　　4日目 申込書
みっかめ つうしんはんばい　　よっかめ もうしこみしょ
5日目 注文　　　　　　　　6日目 不在通知
いつかめ ちゅうもん　　　　むいかめ ふざいつうち
7日目 復習＋もっと／まとめの問題
なのかめ ふくしゅう　　　　　　　　もんだい

第5週 かく ··· 83
だい しゅう
Write　写　쓰다

1日目 メールを送る　　　　2日目 アンケート
にちめ　　　　　おく　　　　ふつかめ
3日目 日本語クラス　　　　4日目 作文
みっかめ にほんご　　　　　よっかめ さくぶん
5日目 問診票－歯科で　　　6日目 問診票－健康診断
いつかめ もんしんひょう しか　むいかめ もんしんひょう けんこうしんだん
7日目 復習＋もっと／まとめの問題
なのかめ ふくしゅう　　　　　　　　もんだい

第6週 よむ ··· 101
だい しゅう
Read　读　읽다

1日目 天気予報　　　　　　2日目 求人広告
にちめ てんきよほう　　　　ふつかめ きゅうじんこうこく
3日目 スポーツ記事　　　　4日目 経済
みっかめ　　　　　きじ　　　よっかめ けいざい
5日目 地球温暖化　　　　　6日目 政治
いつかめ ちきゅうおんだんか　むいかめ せいじ
7日目 復習＋もっと／まとめの問題
なのかめ ふくしゅう　　　　　　　　もんだい

模擬試験 ··· 119
もぎしけん
Practice tests　模拟考试　모의고사

第1回　第2回
だいかい　だいかい

漢字・語彙リスト ··· 124
かんじ ごい
Kanji and Vocabulary List　汉字・词汇目录　한자・어휘 리스트

[別冊] 練習問題、まとめの問題の正しい文の読み／模擬試験の答え・正しい文の読み
べっさつ　れんしゅうもんだい　　　もんだい　ただ ぶん よ　　もぎしけん こた　ただ ぶん よ
Readings of correct sentences for practice questions, summary questions / Answers and readings of correct sentences for practice tests
练习题、综合习题的正确词句的读法／模拟考试的答案和正确词句的读法
연습 문제, 정리 문제 의 올바른 문장 읽기／모의고사 의 대답・올바른 문장 읽기

「日本語能力試験」N3について

● 試験日

年2回（7月と12月の初旬の日曜日）

※海外では、試験が年1回の都市があります。

● レベルと認定の目安

レベルは5段階（N1～N5）です。

N3の認定の目安は、「日常的な場面で使われる日本語をある程度理解することができる」です。

● 試験科目と試験時間

N3	言語知識（文字・語彙）	言語知識（文法）・読解	聴解
	（30分）	（70分）	（40分）

● 合否の判定

「得点区分別得点」と、それらを合計した「総合得点」の二つで合否判定を行います。得点区分ごとに基準点が設けられており、一つでも基準点に達していない場合は、総合得点が高くても不合格になります。

得点区分

N3	言語知識（文字・語彙・文法）	読解	聴解
0～180点	0～60点	0～60点	0～60点

総合得点　　　　　　　　　　　　　　得点の範囲

● N3「文字」の問題構成と問題形式

大問	小問数	ねらい
漢字読み	8	漢字で書かれた語の読み方を問う
表記	6	ひらがなで書かれた語が、漢字でどのように書かれるかを問う

〈漢字読み〉の問題

＿＿＿のことばの読み方として最もよいものを、1・2・3・4から一つ選びなさい。

例） サッカーの日本代表に選ばれた。

1　たいひょう　　2　だいひょ　　3　だいひょう　　4　たいひょ

①②●④

〈表記〉の問題

＿＿＿のことばを漢字で書くとき、最もよいものを1・2・3・4から一つ選びなさい。

例） 道に迷って困っている人をたすけてあげました。

1　助けて　　2　守けて　　3　支けて　　4　協けて

●②③④

試験日、実施地、出願の手続きのしかたなど、「日本語能力試験」の詳しい情報は、日本語能力試験のホームページ https://www.jlpt.jp をご参照ください。

この本の使い方

◆ **本書は、第１週～第６週までの６週間で勉強します。日常生活でよく見る表示や看板から始めて、ニュースや新聞まで徐々にレベルアップしていきます。**
This book is meant to be used as an six-week study guide. Your Japanese ability will improve steadily as you study everything, from signs and advertisements found in daily life to TV news and newspapers.
本书从第1周到第6周共需要6周时间学习。从日常生活中常见的标示和招牌开始，再到新闻和报纸，逐渐提升难度。
본서는, 제１주～제６주로 ６주간 공부합니다. 일상생활에서 자주 보는 표시나 간판을 비롯하여, 뉴스나 신문까지 서서히 레벨업해 갑니다.

◆ **本書は日本語能力試験Ｎ３のレベルより高い語彙でも、実用性の高いものは紹介しています。**
This book introduces some practical words beyond JLPT Level N3.
在本书中，也介绍了一些虽超出了日语能力考试Ｎ３的水平，但实用性强的词汇。
본서는 일본어 능력시험 Ｎ３의 레벨보다 높은 어휘라도 실용성이 높은 것은 소개하고 있습니다.

◇ **まず、ここに書いてある問題を解いてみましょう。**
First, try to answer the questions on this page.
首先，解答一下这里写的问题。
먼저 여기에 쓰여 있는 문제를 풀어 봅시다.

◇ **次に、ここに書いてある字が読めるかどうか、試してみましょう。**
Next, try to see if you can read the kanjis on this page.
其次，试试能否读懂这里写的字符。
다음으로, 여기에 써 있는 글자를 읽을 수 있을지 시도해 봅시다.

◇ **１字１字、読みや漢字語の意味を確認しましょう。**
Check the readings and meanings of the kanjis one by one.
请1个字1个字地确认读法和汉字词的意思。
한 자 한 자, 읽기나 한자어의 의미를 확인합시다.

◆ 各週の1日目から6日目まではテーマ別の漢字・漢字語の学習です。7日目は1日目から6日目までの復習（＋もっと）と「まとめの問題」でその週に勉強したことを確認します。

On day one to six, you will study kanjis and kanji combinations thematically. On day seven, you will check what you have studied during the week using a review of Days 1–6 (+more) and summary questions.

每周第1天到第6天学习不同主题的汉字，汉字词。第7天是第1天到第6天的复习（＋更加）和"综合问题"。目的是确认本周所学过的内容。

각주의 첫째날부터 여섯째날까지는 테마별 한자·한자어 연습입니다. 일곱째날은 1일째～6일째의 내용을 복습하고(＋더), 정리 문제, 그 주에 공부한 것을 확인합니다.

◆ 第6週が終わった後は、「模擬試験」で日本語能力試験と同じ形式の問題を解いてみましょう。

After you finished the 6th week, please try to answer the questions in practice tests which questions are designed in the same format as JLPT exam.

第6周结束以后，请尝试解答和日语能力考试一样出题形式的"模拟考试"吧！

6주 차가 끝난 후에는 "모의고사"에서 일본어능력시험과 같은 형식의 문제를 풀어봅시다.

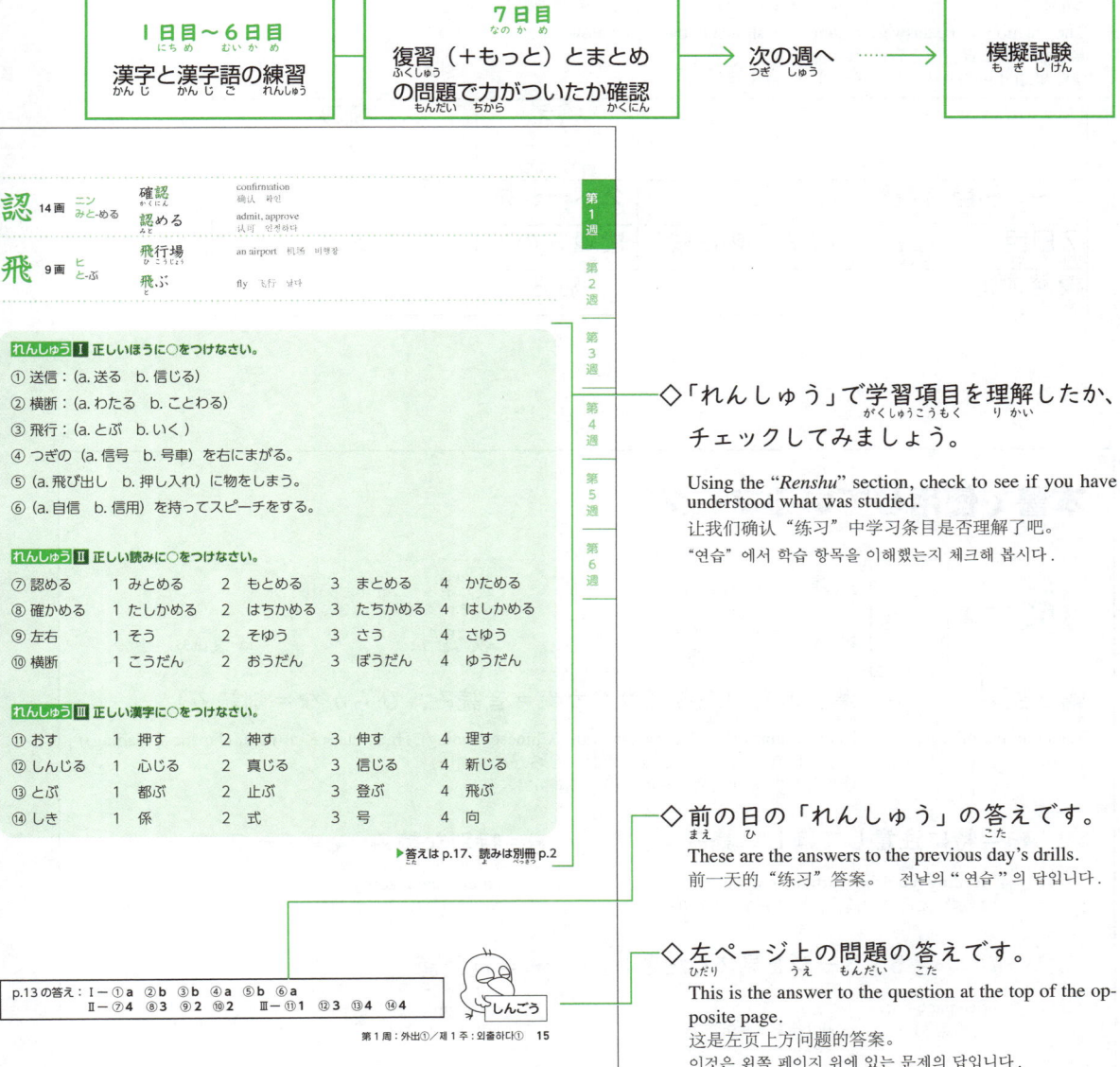

◆ 問題を解いたら、必ず答え合わせをしましょう。答えは別冊に書いてあります。巻末についていますので、取り外して使ってください。

After you answer the questions, check to see if your answers are correct. Answers can be found in the removable booklet attached at the back of this book.
答题后，一定要对答案。答案在附册在本书的最后，请裁剪下来使用。
문제를 풀면 반드시 답을 맞춰 봅시다. 답은 별책에 쓰여 있습니다. 책 끝에 붙어 있으니 따로 떼어서 사용해 주세요.

◆ 「まとめの問題」と「模擬試験」は、時間を計って、テストのつもりで解きましょう。制限時間内に終わらない場合も最後まで続けましょう。

The summary questions and practice tests are timed, and you should try to solve them as if they were real tests. However, answer all the questions even if you are unable to finish within the time limit.
做"综合问题"和"模拟考试"时，请计算时间，当作真正的考试来解答。即使没能在规定的时间内完成，也坚持到最后吧。
'정리 문제'와 '모의고사'는 시간을 재면서 실제 시험처럼 풀어보세요. 제한시간 내에 끝내지 못하더라도 끝까지 풀어봅시다.

◆ 答えと読みの場所は下の表の通りです。

The location of the answer, reading is as shown in the table below.
解答，读的位置，如下表所示。
정답 및 읽기 이 기재된 곳은 아래 표와 같습니다.

		答え Answer 解答 정답	読み reading 读 읽기
1～6日目	練習	2ページ先	別冊
7日目	復習と「まとめの問題」	問題3の下	
模擬試験		別冊	

本書で使用しているマーク

返 7画　ヘン／かえ-す

返事 へんじ　a reply　回答　대답
返す かえす　return (something)　归还　돌려주다
返却 へんきゃく　return　归还　반납
裏返す うらがえす　turn over　翻过来　뒤집다　☞ 裏(p.55)

総画数　Total number of strokes　总笔划数　총획수

漢字のもつ読み（カタカナ＝音読み、ひらがな＝訓読み）
Kanji readings (Katakana = On-yomi (Chinese reading), Hiragana = Kun-yomi (Japanese reading))
汉字所拥有的读法（カタカナ＝音读，ひらがな＝训读）
한자가 가지는 의미 (가타카나 = 음독, 히라가나 = 훈독)

❶ ＝特に注意してほしい読み
reading requiring particular attention
特别需要注意的读法　특히 주의해야할 읽기

🅢＝特別な読み　ex. 🅢 一日 ついたち
an unusual reading
特别的读法　특별한 읽기

☞ 裏(p.55) ＝ 55ページを見てください
See page 55.
请看第55页。　55페이지를 보세요

↔ ＝反対語
はんたいご
antonym
反义词　반대어

第1週

でかける①

Go Out ①
外出①
외출하다①

第1週 1日目 でかける ①

駐車場
ちゅうしゃじょう
Parking Lot
停车场
주차장

学習日　　月　　日（　）

Q. ＿＿の読みは？
有料

うりょう
ゆうりょう
ゆりょう

おぼえましょう

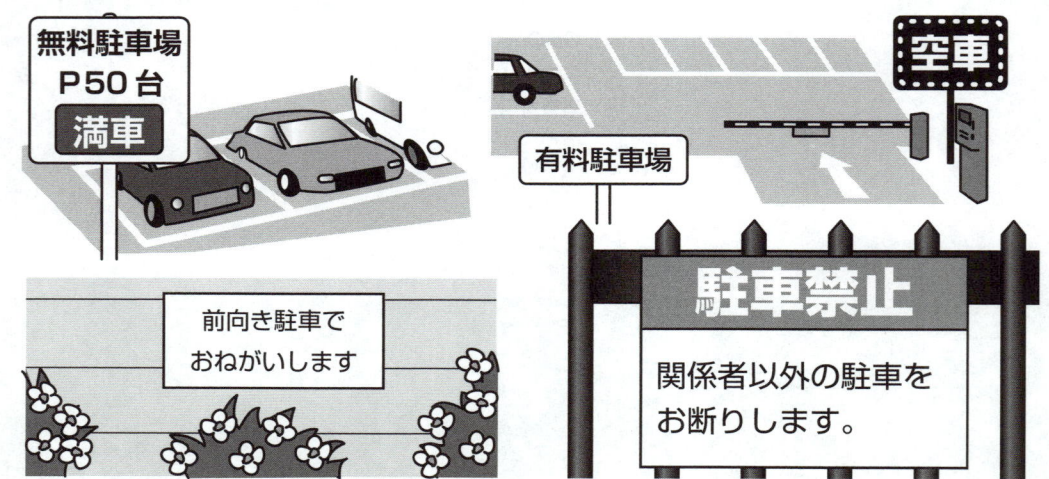

漢字	画数・読み	熟語	意味	熟語	意味
駐	15画 チュウ	駐車（ちゅうしゃ）	parking 停车 주차	駐車場（ちゅうしゃじょう）	a parking lot 停车场 주차장
無	12画 ム な-い	無休（むきゅう）／無理（むり）（な）	working without a holiday 不休息 무휴 ／ unreasonable 勉强的 무리(한)	無料（むりょう）／無（な）い	no charge 免费 무료 ／ does not exist, do not have, be gone 没有 없다
満	12画 マン	満車（まんしゃ）／不満（ふまん）（な）	full (of cars) 车位已满 만차 ／ dissatisfied 不满 불만(스런)	満員（まんいん）	full (of people) 坐满了人 만원
向	6画 コウ む-こう む-かう む-き	方向（ほうこう）／向（む）かう	direction 方向 방향 ／ go forward 朝着、前往 향하다	向（む）こう／○○向（む）き	over there, beyond 对面、另一侧 건너편 ／ being suitable for ○○ 朝向○○、适合○○ ○○대상
禁	13画 キン	禁止（きんし）	prohibition 禁止 금지		
関	14画 カン	関心（かんしん）	interest 关心 관심	関（かん）する	be related 关于……的 관련하다

漢字	画数	読み	語例	意味
係	9画	ケイ / かかり	関係（かんけい）关系 관계 / 係（かかり）担任者 담당	relation, connection / person in charge
断	11画	ダン / ことわ-る	無断（むだん）擅自 무단 / 断る（ことわる）拒絶 거절하다 / 断水（だんすい）停水 단수	without permission / refuse / suspension of the water supply

れんしゅう I　正しいほうに○をつけなさい。

① 満車：車を止める所が　(a. いっぱいだ　b. あいている)
② 禁止：何かを　(a. してもいい　b. してはいけない)
③ 無料：代金が　(a. いる　b. いらない)
④ 断水：(a. 水道が使えなくなる　b. 水を飲んではいけない)
⑤ 無断：(a. 許可がいらない　b. 許可をもらわない)
⑥ 不満：(a. 満足していない　b. いっぱいではない)

れんしゅう II　正しい読みに○をつけなさい。

⑦ 空車　　　1 からしゃ　　2 こうしゃ　　3 あきしゃ　　4 くうしゃ
⑧ お断り　　1 おこまわり　2 おとこわり　3 おことわり　4 おたちわり
⑨ 駐車　　　1 じゅうしゃ　2 ちゅうしゃ　3 じゅうちゃ　4 ちゅうちゃ
⑩ 係の人　　1 けいりのひと　2 かかりのひと　3 けいのひと　4 かけりのひと

れんしゅう III　正しい漢字に○をつけなさい。

⑪ むこう　　1 向こう　　2 何こう　　3 同こう　　4 伺こう
⑫ むきゅう　1 未休　　　2 不休　　　3 無休　　　4 末休
⑬ かんけい　1 門係　　　2 間係　　　3 問係　　　4 関係
⑭ ない　　　1 禁い　　　2 不い　　　3 外い　　　4 無い

▶ 答えは p.15、読みは別冊 p.2

ゆうりょう

第1周：外出①／제1주：외출하다①　13

第1週 2日目 — でかける ①

横断歩道（おうだんほどう）
Pedestrian Crossing / 人行道 / 횡단보도

学習日　月　日（　）

Q. ＿＿の読みは？　**信号**

しんご　しんこう　しんごう　じんこう

おぼえましょう

ボタンを押してお待ちください
押しボタン式信号
左右を確認して横断歩道をわたりましょう
飛び出すな！

横 15画　オウ／よこ
- 横断（おうだん）　a crossing　横切 횡단
- 横（よこ）　side　横 옆
- 横断歩道（おうだんほどう）　a pedestrian crossing　人行道 횡단보도

押 8画　お-す／お-さえる
- 押す（おす）　push　按 밀다
- 押し入れ（おしいれ）　a sliding-door closet　日本式的壁櫥 벽장
- 押さえる（おさえる）　hold down　按压 누르다

式 6画　シキ
- 押しボタン式（おしボタンしき）　a push-button …　摁键式 누르는 보튼식
- 数式（すうしき）　a numerical formula　算式 수식
- 入学式（にゅうがくしき）　an entrance ceremony　入学典礼 입학식
- ☞ 数（p.56）

信 9画　シン
- 送信（そうしん）　transmission　发送 송신
- 自信（じしん）　confidence　自信 자신
- 信じる（しんじる）　believe　相信 믿다
- 信用（しんよう）　trust　信用 신용

号 5画　ゴウ
- 信号（しんごう）　a signal, a traffic light　交通信号 신호
- 〜号車（ごうしゃ）　carriage number …　〜号车厢 ～호차

確 15画　カク／たし-か／たし-かめる
- 正確（な）（せいかく）　correct, accurate　正确的 정확(한)
- 確か（な）（たしか）　certain　确实 확실(한)
- 確かめる（たしかめる）　confirm, verify　弄清 확인하다

14　Week1：Go Out ①

認	14画	ニン みと-める	確認 かくにん	confirmation 确认 확인
			認める みと	admit, approve 认可 인정하다
飛	9画	ヒ と-ぶ	飛行場 ひこうじょう	an airport 机场 비행장
			飛ぶ と	fly 飞行 날다

れんしゅうⅠ 正しいほうに○をつけなさい。

① 送信：(a. 送る　b. 信じる)
② 横断：(a. わたる　b. ことわる)
③ 飛行：(a. とぶ　b. いく)
④ つぎの (a. 信号　b. 号車) を右にまがる。
⑤ (a. 飛び出し　b. 押し入れ) に物をしまう。
⑥ (a. 自信　b. 信用) を持ってスピーチをする。

れんしゅうⅡ 正しい読みに○をつけなさい。

⑦ 認める	1 みとめる	2 もとめる	3 まとめる	4 かためる
⑧ 確かめる	1 たしかめる	2 はちかめる	3 たちかめる	4 はしかめる
⑨ 左右	1 そう	2 そゆう	3 さう	4 さゆう
⑩ 横断	1 こうだん	2 おうだん	3 ぼうだん	4 ゆうだん

れんしゅうⅢ 正しい漢字に○をつけなさい。

⑪ おす	1 押す	2 神す	3 伸す	4 理す
⑫ しんじる	1 心じる	2 真じる	3 信じる	4 新じる
⑬ とぶ	1 都ぶ	2 止ぶ	3 登ぶ	4 飛ぶ
⑭ しき	1 係	2 式	3 号	4 向

▶答えは p.17、読みは別冊 p.2

---

p.13の答え：Ⅰ—①a　②b　③b　④a　⑤b　⑥a
　　　　　　Ⅱ—⑦4　⑧3　⑨2　⑩2　　Ⅲ—⑪1　⑫3　⑬4　⑭4

しんごう

第1週 3日目 でかける ①

サイン
Signs / 标示 / 싸인

Q. ___ の読みは？
注意

 じゅうい
 ちゅうい
 しゅい
 しゅうい

おぼえましょう

非	8画 ヒ	非常(の)	emergency 非常的 비상(의)	非常に	extremely 非常 대단히
		非常口	an emergency exit 安全出口 비상구		
常	11画 ジョウ	日常(の)	usual, everyday 日常 일상	正常(な)	normal 正常的 정상(인)
階	12画 カイ	～階	floor ～楼 ～층		
段	9画 ダン	階段	stairs 楼梯 계단		
箱	15画 はこ	箱	a box 箱子 상자	ごみ箱	a trash box 垃圾(邮件)箱 쓰레기통
危	6画 キ あぶ-ない	危険(な)	danger 危险 위험		
		危ない	dangerous 危险 위험하다		

険 11画 ケン　　危険(な) danger 危险 위험

捨 11画 す-てる　　捨てる throw away 抛弃 버리다

れんしゅう I　正しいほうに〇をつけなさい。
① 非常に：(a. すこし　b. とても)
② ごみ箱：(a. いらないもの　b. 大事なもの) を入れる
③ 正常：(a. 問題がない　b. 問題がある)
④ 運動のため (a. 階段　b. エレベーター) を使う
⑤ 火事などのとき (a. 飛行場　b. 非常口) からにげる
⑥ (a. 捨てられて　b. 断られて) いたネコをひろう

れんしゅう II　正しい読みに〇をつけなさい。
⑦ 非常口　1 ひじょうぐち　2 いじょうぐち　3 むじょうぐち　4 ふじょうぐち
⑧ 階段　　1 かいらん　　2 けいらん　　3 かいだん　　4 けいだん
⑨ 箱　　　1 ばこ　　　　2 はこ　　　　3 ほこ　　　　4 ぼこ
⑩ 危険　　1 しけん　　　2 きげん　　　3 しんけん　　4 きけん

れんしゅう III　正しい漢字に〇をつけなさい。
⑪ あぶない　　1 険ない　2 危ない　3 非ない　4 注ない
⑫ すてる　　　1 押てる　2 飛てる　3 認てる　4 捨てる
⑬ にちじょう　1 正常　　2 非常　　3 日常　　4 無常
⑭ なんがい　　1 向階　　2 同外　　3 何階　　4 向外

▶ 答えはp.19、読みは別冊p.2

p.15の答え：I―①a　②a　③a　④a　⑤b　⑥a
　　　　　　II―⑦1　⑧1　⑨4　⑩2　　III―⑪1　⑫3　⑬4　⑭2

ちゅうい

第1週：外出①／제1주：외출하다①　17

第1週 4日目 でかける ①

駅のホーム
A Platform
车站的站台
역의 홈

学習日　　月　　日（　）

Q. ＿＿の読みは？
上り方面

 のぼり
 くだり
 あがり

「上り⇔下り」はエレベーターやエスカレーターにも使います。

おぼえましょう

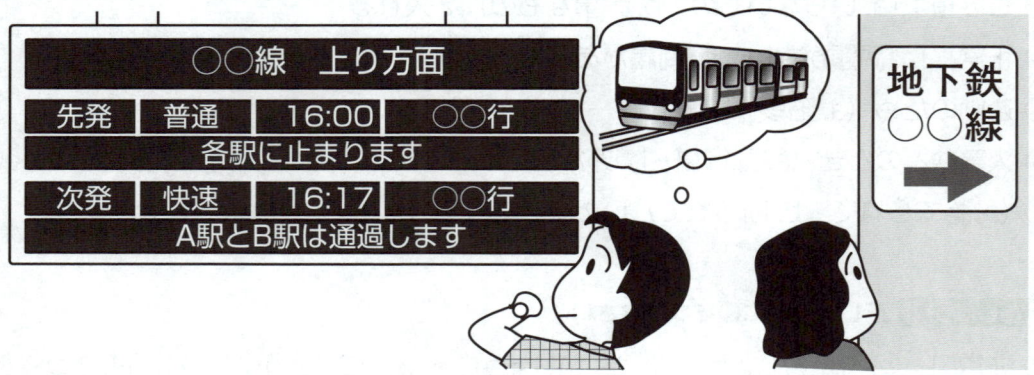

漢字	画数	読み	例1	意味1	例2	意味2
線	15画	セン	線 せん	a line 线 선	〜番線 ばんせん	line (platform) number ... 〜号线 〜번선 ☞番(p.20)
面	9画	メン	全面 ぜんめん	whole 全面 전면 ☞全(p.32)	画面 がめん	a screen 画面 화면
			○○方面 ほうめん	... area ○○方面 ○○방면		
普	12画	フ	普通(の) ふつう	ordinary 普通 보통		
各	6画	カク	各駅 かくえき	every station 各车站 각역정차	各国 かっこく	each country 各国 각국
			各自 かくじ	respective, each person 各自 각자		
次	6画	ジ つぎ	目次 もくじ	contents 目录 목차	次回 じかい	the next time 下次 차회
			次 つぎ	the next 下一个 다음		
快	7画	カイ	快速 かいそく	a high speed 快车 쾌속		
速	10画	ソク はや-い	高速道路 こうそくどうろ	a superhighway 高速公路 고속도로 ☞路(p.21)	速度 そくど	speed 速度 속도
			速い はやい	fast 快 빠르다		

過	12画	カ す-ぎる	通過（つうか） 過ぎる（す）	passage, transit 通过不停车 통과 pass 经过 지나다	過去（かこ）	past 过去 과거
鉄	13画	テツ	地下鉄（ちかてつ） 鉄（てつ）	a subway 地铁 지하철 steel 铁 철	鉄道（てつどう）	a railway 铁道 철도

れんしゅう I 正しいほうに○をつけなさい。

① 普通電車：(a. 各駅に止まる　b. 平日（へいじつ）に運転する) 電車
② 電車が通過する：その駅に (a. 止まる　b. 止まらない) こと
③ 先発：先に (a. 出る　b. 着く) こと
④ 本の (a. 次回　b. 目次) を見る。
⑤ 世界 (a. 各国　b. 各自) から人が集まる。
⑥ (a. 快速　b. 高速) 道路の料金をはらう。

れんしゅう II 正しい読みに○をつけなさい。

⑦ 地下鉄　　1　じかてつ　　2　ちかてつ　　3　ちがてつ　　4　じがてつ
⑧ 過ぎる　　1　すぎる　　　2　かぎる　　　3　こぎる　　　4　つぎる
⑨ 過去　　　1　かきょ　　　2　かご　　　　3　かこ　　　　4　かく
⑩ 方面　　　1　かためん　　2　はうめん　　3　がためん　　4　ほうめん

れんしゅう III 正しい漢字に○をつけなさい。

⑪ かいそく　1　急行　　　　2　特急　　　　3　快速　　　　4　高速
⑫ がめん　　1　全面　　　　2　画面　　　　3　正面　　　　4　前面
⑬ つぎ　　　1　各　　　　　2　行　　　　　3　先　　　　　4　次
⑭ ふつう　　1　不通　　　　2　普通　　　　3　無通　　　　4　正通

▶答えは p.21、読みは別冊 p.2

p.17 の答え： I ー ①b　②a　③a　④a　⑤b　⑥a
　　　　　　 II ー ⑦1　⑧3　⑨2　⑩4　　III ー ⑪2　⑫4　⑬3　⑭3

のぼり

第1週 5日目　でかける ①

特急電車 (とっきゅうでんしゃ)
Special Express Train
特快电车
특급전차

学習日　　月　　日（　）

Q. ＿＿＿の読みは？
5号車

 こうしゃ
 こうちゃ
 ごうちゃ
 ごうしゃ

おぼえましょう

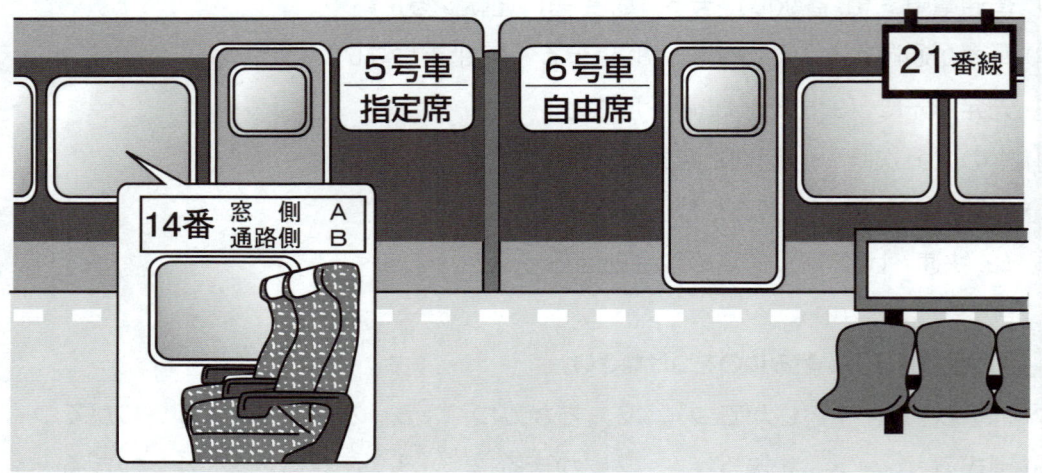

漢字	画数・読み	熟語	意味	熟語	意味
指	9画 シ ゆび	指定 (してい)	specification, designation 指定 지정	指定席 (していせき)	a reserved seat 指定席、対号入座的票 지정석
		指 (ゆび)	a finger 指 손가락	指輪 (ゆびわ)	a (finger) ring 戒指 반지
定	8画 テイ	定休日 (ていきゅうび)	a set/regular holiday 固定休息日 정기휴일	安定 (あんてい)	stability 安定 안정　↔ 不安定 (ふあんてい)
席	10画 セキ	席 (せき)	a seat 座位 자리		
		出席 (しゅっせき)	attendance 出席 출석	欠席 (けっせき)	absence 缺席 결석　☞ 欠 (p.113)
由	5画 ユウ	自由 (じゆう)(な)	free 自由 자유(로운)	自由席 (じゆうせき)	a non-reserved seat 自由席 자유석
		理由 (りゆう)	a reason 理由 이유		
番	12画 バン	番号 (ばんごう)	a number 号码 번호	～番 (ばん)	number ... ～号　～번
		～番線 (ばんせん)	line (platform) number ... ～号线　～번선		
窓	11画 まど	窓 (まど)	a window 窗户 창문	窓口 (まどぐち)	a (teller's) window 窗口 창구

20　Week1 : Go Out ①

側 11画 がわ	両側 りょうがわ	both sides 両側 양측 ☞両(p.22)		
	窓側 まどがわ	the window side 靠窗一側 창측	右側 みぎがわ	the right side 右側 우측
路 13画 ロ	通路 つうろ	an aisle 走道 통로	道路 どうろ	a road 道路 도로
	線路 せんろ	a railway track 軌道 선로		

れんしゅう I　正しいほうに○をつけなさい。

① 外が見えるように（a. 窓側　b. 通路側）に座る。
② この電車は全席（a. 安定　b. 指定）です。
③ 下り電車は（a. 2番線　b. 2号車）です。
④ この店は年中（a. 無休　b. 定休）です。
⑤ 電話（a. 番号　b. 信号）を教える。
⑥ 高速（a. 道路　b. 通路）を車で走る。

れんしゅう II　正しい読みに○をつけなさい。

⑦ 出席	1 ちゅっせき	2 しゅっせき	3 ちゅうせき	4 しゅせき
⑧ 指	1 ゆみ	2 いび	3 いみ	4 ゆび
⑨ 自由席	1 りゆせき	2 じゅうゆせき	3 じゆうせき	4 りゆうせき
⑩ 両側	1 りゅうがわ	2 りゅうかわ	3 りょうがわ	4 りょうかわ

れんしゅう III　正しい漢字に○をつけなさい。

⑪ まど	1 門	2 戸	3 窓	4 空
⑫ けっせき	1 欠席	2 結席	3 次席	4 決席
⑬ ふあんてい	1 非安定	2 無安定	3 不安定	4 普安定
⑭ つうろ	1 線路	2 通路	3 道路	4 行路

▶答えは p.23、読みは別冊 p.2

---

p.19の答え：I — ①a　②b　③a　④b　⑤a　⑥b
　　　　　　II — ⑦2　⑧1　⑨3　⑩4　　III — ⑪3　⑫2　⑬4　⑭2

ごうしゃ

第1週 6日目 でかける ①

バス
Bus / 巴士 / 버스

Q. ___ の読みは？
料金箱

おぼえましょう

漢字	熟語	意味	熟語	意味
停 11画 テイ	停車 ていしゃ	stopping of a vehicle 停车 정차	バス停 てい	a bus stop 公交车站 버스정류장
整 16画 セイ	整理 せいり / 整理券 せいりけん	arrangement 整理 정리 / numbered ticket (issued at cinemas, etc. to indicate the order in which people may enter) 号码单 정리권 (사람이 많을 때 나눠주는번호표)		
券 8画 ケン	駐車券 ちゅうしゃけん / 回数券 かいすうけん	a parking ticket 停车券 주차권 / (book of) commuter ticket(s) 联票 회수권	乗車券 じょうしゃけん	a (boarding) ticket 车票 승차권 ☞ 数(p.56)
現 11画 ゲン あらわ-れる	現金 げんきん / 現れる あらわ	cash 现金 현금 / appear 出现 나타나다	表現 ひょうげん	expression 表达方式 표현 ☞ 表(p.55)
両 6画 リョウ	両親 りょうしん	parents 双亲、父母 부모님	〜両 りょう	... cars on a train 〜辆 〜량
替 12画 か-える	取り替える とりかえる / 着替える きがえる	exchange (one thing for another) 替换 바꾸다 ☞ 取(p.76) / change your clothes 换衣服 갈아 입다	両替 りょうがえ	money changing, exchange 兑换 환전
優 17画 ユウ やさ-しい	優先席 ゆうせんせき / 優しい やさ	a priority seat 优先座席(老弱病残孕专座) 우선석 / kind 温柔 상냥하다	俳優 はいゆう	an actor 演员 배우

22　Week1：Go Out ①

漢字	画数	読み	熟語		熟語	
座	10画	ザ / すわ-る	座席（ざせき）	a seat　座位　좌석	正座（せいざ）	sitting on the floor Japanese style　端坐　정좌
			座る（すわる）	sit　坐　앉다		
降	10画	コウ / お-りる / ふ-る	降車口（こうしゃぐち）	exit (for getting off)　下车的地方　하차구	以降（いこう）	on and after ...　以后　이후
			降りる（おりる）	get off　下来（车等从）　내리다	降る（ふる）	fall　下、降　（눈・비 등이）내리다

れんしゅう I　正しいほうに○をつけなさい。

① お年寄りや体の不自由な人のための席：（a. 優先席　b. 指定席）
② バスが止まるところ：（a. 降車口　b. バス停）
③ 円をドルに（a. 両側　b. 両替）する。
④ たたみの部屋で（a. 正座　b. 座席）する。
⑤ カードでも（a. 現金　b. 料金）でもいいです。
⑥ パジャマに（a. 着替えて　b. 取り替えて）寝る。

れんしゅう II　正しい読みに○をつけなさい。

⑦ 現れる　　1 あわられる　2 あなわれる　3 あらわれる　4 あわなれる
⑧ 座る　　　1 さわる　　　2 そわる　　　3 つわる　　　4 すわる
⑨ 降りる　　1 おりる　　　2 ふりる　　　3 こりる　　　4 のりる
⑩ 両親　　　1 りょうちん　2 りょうしん　3 りゅうしん　4 りゅうちん

れんしゅう III　正しい漢字に○をつけなさい。

⑪ ていしゃ　　1 駐車　　2 乗車　　3 停車　　4 降車
⑫ げんきん　　1 元金　　2 現金　　3 替金　　4 料金
⑬ せいりけん　1 回数券　2 整理券　3 駐車券　4 乗車券
⑭ やさしい　　1 美しい　2 難しい　3 優しい　4 楽しい

▶答えは p.25、読みは別冊 p.2

りょうきんばこ

p.21 の答え：I －①a　②b　③a　④a　⑤a　⑥a
　　　　　　II －⑦2　⑧4　⑨3　⑩3　　III －⑪3　⑫1　⑬3　⑭2

第1周：外出①／제1주：외출하다①

第1週 7日目 でかける ①

復習 + もっと
Review quiz + more
复习 + 更加
복습 + 더

学習日　　月　　日（　）

復習しましょう

Q 次の漢字の読みを（　）に書いて、同じ意味のカタカナ語を下から選びましょう。

（答えは p.28）

例）線（ せん ）　b

① 窓　（　　　）　　　② 箱　（　　　）
③ 番号（　　　）　　　④ 駐車場（　　　）
⑤ 現金（　　　）　　　⑥ 券　（　　　）
⑦ 速度（　　　）　　　⑧ 座席（　　　）

| a ウインドー　b ライン　c パーキング　d チケット　e ナンバー |
| f キャッシュ　g スピード　h ボックス　i シート |

ミニ・レッスン

「パーキング」は「駐車場」、「スピードを出す」は「速度を上げる」とも言いますが、「駐車券」「速度制限」などは普通、漢語を使います。

A：駐車券…、あ、あった。ここのパーキングは古いけど安いね。
B：うん。あ、もうこんな時間。早く行かなくちゃ。もっとスピード出して！
A：だめだよ。ここは 20 キロの速度制限があるんだから。

もっと勉強しましょう

未	5画	ミ	未定（みてい）	undecided 未决定 미정	未来（みらい）	future 未来 미래
			～未満（みまん）	less than ... ～未满 ～미만		
末	5画	マツ	週末（しゅうまつ）	the weekend 周末 주말	月末（げつまつ）	the end of the month 月底 월말
			年末（ねんまつ）	the end of the year 年末 연말		
若	8画	わか-い	若い（わかい）	young 年轻 젊다		
晩	12画	バン	晩（ばん）	night 晚 밤	今晩（こんばん）	tonight 今晚 오늘 밤
			晩ご飯（ばんごはん）	dinner 晚饭 저녁밥	毎晩（まいばん）	every night 每晚 매일 밤
島	10画	トウ しま	○○島（とう）	○○ Island ○○岛 ○○도		
			島（しま）	an island 岛 섬		
皿	5画	さら	皿（さら）	a plate 盘子 접시	灰皿（はいざら）	an ashtray 烟灰缸 재떨이
血	6画	ケツ ち	出血（しゅっけつ）	bleeding 出血 출혈		
			血（ち）	blood 血 피		
助	7画	ジョ たす-ける	救助（きゅうじょ）	a rescue, help 救助 구조		
			助ける（たすける）	help 救助、帮忙 도와주다		

☞ 取 (p.76)　☞ 苦 (p.79)

Q どちらの漢字が入りますか？

（答えは p.28）

① a 末　＿＿来（み）　b 未

② a 苦　＿＿い（わか）　b 若

③ a 勉　＿＿強（べん）　b 晩

④ a 鳥　＿＿が飛ぶ（とり）　b 島

⑤ a 皿　1＿＿100円（ひとさら）　b 血

⑥ a 取　＿＿けて！（たす）　b 助

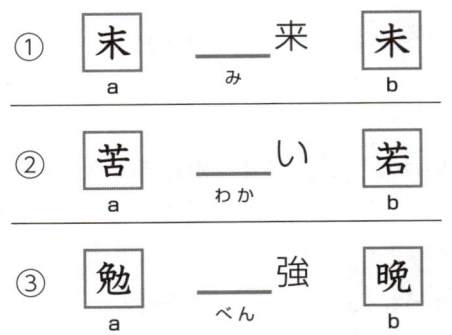

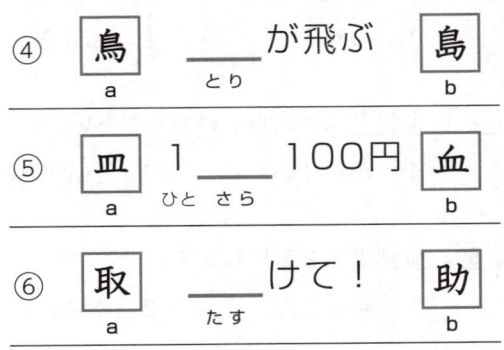

p.23 の答え：Ⅰ－①a　②b　③b　④a　⑤a　⑥a
Ⅱ－⑦3　⑧4　⑨1　⑩2　Ⅲ－⑪3　⑫2　⑬2　⑭3

第1週 7日目 でかける①

まとめの問題

Summary questions　綜合問題　정리 문제

制限時間：20分
1問4点×25問
答えは p.28
読みは別冊 p.2〜3

月　日（　）
点数 ／100

問題1 ＿＿＿のことばの読み方として最もよいものを、1・2・3・4から一つえらびなさい。

1　「飛び出し注意」と書いてあります。
　1　よびだしちゅうい　　　　2　とびだしちゅうい
　3　とびだしじゅうい　　　　4　よびだしじゅうい

2　この時計は正確です。
　1　せいかく　　2　せっかく　　3　しょうかく　　4　しょうがく

3　横断歩道をわたりましょう。
　1　こうだん　　2　おうだん　　3　きんだん　　4　そうだん

4　このなべは鉄で作られています。
　1　しつ　　2　ねつ　　3　れつ　　4　てつ

5　優先席ではけいたい電話を使わないでください。
　1　うせん　　2　にゅうせん　　3　ゆうせん　　4　よやく

6　料金は降りるときにはらってください。
　1　のりる　　2　ふりる　　3　こりる　　4　おりる

7　関係者以外入らないでください。
　1　かんけいしゃ　　2　かんれんしゃ　　3　けいけんしゃ　　4　かんきょうしゃ

8　確認ボタンを押します。
　1　せきにん　　2　かくにん　　3　しょうにん　　4　こうにん

9　ドアの横にスイッチがあります。
　1　そば　　2　よこ　　3　たて　　4　となり

10　高速道路から飛行場が見えます。
　1　こうくう　　2　ひこうば　　3　くうこう　　4　ひこうじょう

26　Week1：Go Out ①

[11] 来月のスケジュールは未定です。
 1　よてい　　　2　してい　　　3　みてい　　　4　ひてい

[12] 車の窓からきれいな島が見えてきました。
 1　とり　　　2　しま　　　3　とう　　　4　ちょう

[13] A「どうしましたか。」
 B「指を切ってしまって、血が止まりません。」
 1　ち　　　2　けつ　　　3　さら　　　4　せき

[14] 前向き駐車でおねがいします、と書いてありますよ。
 1　まえむきじょうしゃ　　　2　まえむきじゅうしゃ
 3　まえむきちゅしゃ　　　4　まえむきちゅうしゃ

[15] 信号が青になったらわたりましょう。
 1　しんこう　　　2　しんごう　　　3　じんこう　　　4　ちんごう

問題2　＿＿＿のことばを漢字でかくとき、最もよいものを、1・2・3・4から一つえらびなさい。

[16] 席はなんばんですか。
 1　何号　　　2　向番　　　3　何番　　　4　向号

[17] 黄色いせんまで下がってお待ちください。
 1　線　　　2　信　　　3　段　　　4　側

[18] あの俳優はひょうげん力がある。
 1　表信　　　2　表見　　　3　表言　　　4　表現

[19] 社長はまちがいをみとめた。
 1　定めた　　　2　認めた　　　3　窓めた　　　4　面めた

[20] あの信号は押しボタンしきです。
 1　箱　　　2　席　　　3　向　　　4　式

問題3 （　）に入れるのに最もよいものを、1・2・3・4から一つえらびなさい。

21 この電車は（　　）駅に止まります。
  1 毎　　　2 次　　　3 各　　　4 両

22 駐車場はただいま（　　）車です。
  1 両　　　2 満　　　3 禁　　　4 非

23 1万円以上は、送料（　　）料です。
  1 非　　　2 不　　　3 無　　　4 禁

24 整理（　　）を取ってお待ちください。
  1 停　　　2 箱　　　3 路　　　4 券

25 お金は料金（　　）に入れてください。
  1 箱　　　2 式　　　3 側　　　4 券

復習＋もっと（p.24〜25）の答え：
[復習] ①まど　a　②はこ　h　③ばんごう　e　④ちゅうしゃじょう　c
　　　⑤げんきん　f　⑥けん　d　⑦そくど　g　⑧ざせき　i

[もっと] ①b　②b　③a　④a　⑤a　⑥b

まとめの問題（p.26〜28）の答え：
問題1　①2　②1　③2　④4　⑤3　⑥4　⑦1　⑧2　⑨2　⑩4
　　　　⑪3　⑫2　⑬1　⑭4　⑮2
問題2　⑯3　⑰1　⑱4　⑲2　⑳4
問題3　㉑3　㉒2　㉓3　㉔4　㉕1

第2週

でかける②

Go Out ②
外出②
외출하다②

第2週 1日目 でかける ②

レストラン
Restaurant
饭店
레스토랑

学習日　月　日（ ）

Q. ___ の読みは？
本日

 ほんび
 ほんにち
 ほんじつ
 にほん

おぼえましょう

漢字	画数	読み	熟語	意味		
準	13画	ジュン	準備（じゅんび）	preparation 准备 준비		
備	12画	ビ / そな-える	準備（じゅんび）	preparation 准备 준비		
			備える（そなえる）	prepare 防备、设置、具备 비치하다		
営	12画	エイ	営業（えいぎょう）	business 营业 영업		
閉	11画	ヘイ / し-まる / し-める	開閉（かいへい）	opening and shutting 开闭 개폐		
			閉まる（しまる）	shut, close 紧闭 닫히다	閉める（しめる）	shut..., close... 关闭 닫다
案	10画	アン	案内（あんない）	guidance, information 指示、向导 안내	案（あん）	a suggestion/proposal/plan 草案 안, 생각
内	4画	ナイ / うち	家内（かない）	wife 妻子 가내, 식구, (자신의) 아내	以内（いない）	within ... 以内 이내
			国内（の）（こくない）	domestic, internal 国内 국내	内側（うちがわ）	the inside 内侧 안쪽

Week2：Go Out ②

| 予 | 4画 ヨ | 予定 よてい | a plan/schedule 预定的事情 예정 | 予習 よしゅう | preparation (of lessons) 预习 예습 |
| 約 | 9画 ヤク | 予約 よやく | an appointment, a reservation 预约 예약 | 約〜 やく | approximately 大约〜 약〜 |

カタカナもおぼえよう！

コンセプト（概念 がいねん） concept 观念 컨셉
インフォメーション（案内 あんない） information 情报 정보

れんしゅう I　正しいほうに○をつけなさい。

① 営業中：店は （a. あいている　b. しまっている）
② 準備中：店に （a. 入れる　b. 入れない）
③ 定休日：店には決まった休みの日が （a. ある　b. ない）
④ 営業案内：店についての （a. コンセプト　b. インフォメーション）
⑤ 予約うけたまわります：予約 （a. できる　b. できない）
⑥ ご予約確認メールを3日 （a. 以外　b. 以内） にお送りします。

れんしゅう II　正しい読みに○をつけなさい。

⑦ 営業　　1 えいぎゅう　2 えいぎょう　3 えいごう　4 えいよう
⑧ 準備　　1 じょうび　　2 じょんび　　3 じゅうび　4 じゅんび
⑨ 案内　　1 あねい　　　2 あんねい　　3 あない　　4 あんない
⑩ 予約　　1 よやく　　　2 ゆやく　　　3 よゆく　　4 やゆく

れんしゅう III　正しい漢字に○をつけなさい。

⑪ よしゅう　1 子習　2 了習　3 予習　4 丁習
⑫ かいへい　1 聞閉　2 閉開　3 開閉　4 開門
⑬ うちがわ　1 家側　2 内側　3 中側　4 向側
⑭ そなえる　1 定える　2 準える　3 営える　4 備える

▶答えは p.33、読みは別冊 p.3

第2週 2日目 でかける ②

禁煙 きんえん No Smoking / 禁烟 / 금연

Q. ＿＿ の読みは？ 当店

 どうてん
 とうてん
 とんてん
 とうでん

おぼえましょう

当店は全席禁煙となっております。
お客様のご理解・ご協力を
お願いいたします。
AUBERGINE

漢字	画数	読み	語例	意味	語例	意味
煙	13画	エン／けむり	禁煙 きんえん	no smoking 禁烟 금연		
			煙 けむり	smoke, fumes 烟 연기		
当	6画	トウ／あ-たる	本当 ほんとう	the truth 真的 정말	当○○ とう	this ○○ 本○○ 당○○
			当たる あたる	hit, win (光線)照射 맞다, 적중하다	当たり前 あたりまえ	natural, not surprising 当然 당연
全	6画	ゼン	全部 ぜんぶ	all, whole 全部 전부 ☞部(p.56)		
			全席 ぜんせき	all seats 全席 전석	安全(な) あんぜん	safe 安全 안전(한)
客	9画	キャク	客 きゃく	a customer 客人 손님	お客様 きゃくさま	a customer (honorific) 客人 손님
様	14画	ヨウ／さま	様子 ようす	appearance, situation 样子 모습		
			○○様 さま	an honorific added to people's names, particularly in letters 接在人名、身份等后面表敬意 ○○님		
解	13画	カイ	理解 りかい	understanding 理解 이해	解答 かいとう	an answer 解答 해답
			解説 かいせつ	an explanation 解说 해설	分解 ぶんかい	taking apart 分解 분해

協 8画 キョウ　　協力(きょうりょく)　cooperation　共同努力　협력

願 19画 ねが-う　　願う(ねが)　wish　希望　바라다

れんしゅうⅠ 正しいほうに○をつけなさい。
① 当店：（a. この店　b. その店）
② 全席禁煙：全部の席でたばこが（a. 吸える　b. 吸えない）
③ 安全：（a. 危ない　b. 危なくない）
④ 解答：（a. もんだい　b. こたえ）
⑤ 買い物をして代金をはらうのは（a. 当たり前だ　b. 無料だ）。
⑥ 時計を（a. 分解して　b. 停車して）また組み立てる。

れんしゅうⅡ 正しい読みに○をつけなさい。
⑦ 様子　　1 ようす　　2 ようし　　3 やうす　　4 やうし
⑧ 協力　　1 こうりゅく　2 こうりょく　3 きゅうりき　4 きょうりょく
⑨ 煙　　　1 けむり　　2 きむり　　3 くむり　　4 こむり
⑩ 本当　　1 ほんと　　2 ほんど　　3 ほんとう　　4 ほんどう

れんしゅうⅢ 正しい漢字に○をつけなさい。
⑪ おねがい　　1 お顔い　　2 お願い　　3 お頭い　　4 お預い
⑫ おきゃくさま　1 お各様　　2 お皆様　　3 お客様　　4 お名様
⑬ りかい　　1 野解　　2 理解　　3 利解　　4 了解
⑭ ぜんせき　　1 全席　　2 全度　　3 金席　　4 金度

▶答えは p.35、読みは別冊 p.3

p.31の答え：Ⅰ―①a　②b　③a　④b　⑤a　⑥b
　　　　　　Ⅱ―⑦2　⑧4　⑨4　⑩1　　Ⅲ―⑪3　⑫3　⑬2　⑭4

とうてん

第2週 3日目 でかける ②

観光地図
かんこうちず

Sightseeing Map
观光地图
관광지도

学習日　月　日(　)

Q. ___ の読みは？
遊園地

ゆうねんち
ようねんち
ゆうえんち
ようえんち

おぼえましょう

動物園
遊園地
神社
→○○空港
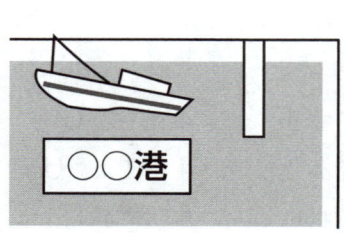○○港
美術館
お寺

| 観 | 18画 カン | 観光 かんこう | sightseeing 观光 관광 | 観客 かんきゃく | spectator, audience 观众 관객 |

| 園 | 13画 エン | 動物園 どうぶつえん | a zoo 动物园 동물원 | | |

| 港 | 12画 コウ みなと | 空港 くうこう / 港 みなと | an airport 机场 공항 / a port 港口 항구 | ○○港 こう | ○○ port ○○港 ○○항 |

| 遊 | 12画 ユウ あそ-ぶ | 遊園地 ゆうえんち / 遊ぶ あそ | an amusement park 游乐场 유원지 / play 玩 놀다 | | |

| 美 | 9画 ビ うつく-しい | 美術館 びじゅつかん / 美しい うつく | an art museum 美术馆 미술관 / beautiful 漂亮 아름답다 | 美人 びじん | a beautiful woman 美人 미인 |

| 術 | 11画 ジュツ | 美術 びじゅつ / 手術 しゅじゅつ | (fine) art 美术 미술 / surgery, operation 手术 수술 | 技術 ぎじゅつ | technique, technology 技術 기술 ☞ 技(p.104) |

Week2 : Go Out ②

漢字	画数	読み	例			
神	9画	シン / ジン / かみ	神経質(な) しんけいしつ	nervous 神经质的 신경질(적인) ☞経(p.108)	神社 じんじゃ	a shrine 神社 신사
			神様 かみさま	a god 神 신		
寺	6画	ジ / てら	○○寺 じ	○○ Temple ○○寺 ○○사		
			お寺 てら	a temple 寺廟 절		

カタカナもおぼえよう！

テクニック(技術) technique 技术 기술
アート(美術) (fine) art 美术 미술

れんしゅう I　正しいほうに○をつけなさい。

① 遊園地：(a. およぐところ　b. あそぶところ)
② 動物園：動物を (a. 買うところ　b. 見るところ)
③ 港：(a. 船が着くところ　b. 飛行機が着くところ)
④ 美術：(a. テクニック　b. アート)
⑤ 神経質：小さいことを (a. 気にする　b. 気にしない)
⑥ 美術館：(a. 本を借りるところ　b. 作品を見るところ)

れんしゅう II　正しい読みに○をつけなさい。

⑦ お寺　　1 おでら　　2 おたな　　3 おしろ　　4 おてら
⑧ 港　　　1 めらど　　2 みらと　　3 みなと　　4 みなど
⑨ 美しい　1 うくつしい　2 うつくしい　3 うすくしい　4 うくすしい
⑩ 神社　　1 しんしゃ　2 じんじゃ　3 しんじゃ　4 かんしゃ

れんしゅう III　正しい漢字に○をつけなさい。

⑪ あそぶ　　1 遊ぶ　　2 飛ぶ　　3 呼ぶ　　4 並ぶ
⑫ かみさま　1 上様　　2 客様　　3 神様　　4 奥様
⑬ びじん　　1 無人　　2 美人　　3 主人　　4 夫人
⑭ しゅじゅつ 1 技術　　2 美術　　3 手術　　4 医術

▶ 答えは p.37、読みは別冊 p.3

p.33の答え： I －①a ②b ③b ④b ⑤a ⑥a
　　　　　　 II －⑦1 ⑧4 ⑨1 ⑩3　III －⑪2 ⑫3 ⑬2 ⑭1

ゆうえんち

第2週 4日目　でかける ②

街の地図（まちちず）
A Map of the City
街道地图
거리의 지도

学習日　月　日（　）

Q. ＿＿＿の読みは？　**交差点**

 こうしゃてん
 こうさてん
 こうさでん
 きょうさてん

おぼえましょう

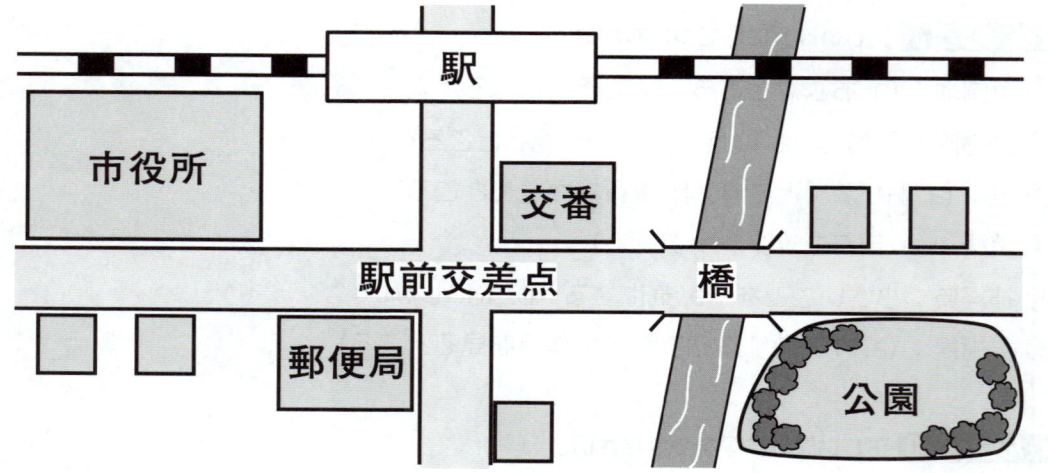

駅／市役所／交番／駅前交差点／橋／郵便局／公園

漢字	画数	読み	例	意味
役	7画	ヤク	市役所（しやくしょ）	the city office 市政厅 시청
			役員（やくいん）	an officer, a director 公务员、官员 임원
			役に立つ（やくにたつ）	useful 有用 도움이 되다
郵	11画	ユウ	郵便（ゆうびん）	mail (service) 邮件 우편
局	7画	キョク	郵便局（ゆうびんきょく）	a post office 邮政局 우체국
			薬局（やっきょく）	a drugstore 药店 약국
交	6画	コウ	交番（こうばん）	a police box 派出所 파출소
			交通（こうつう）	trafic, transport 交通 교통
			交換（こうかん）	exchange 交换 교환　☞ 換(p.75)
差	10画	サ、さ-す	差（さ）	difference 差 차이
			差し出す（さしだす）	hand in 伸出 내밀다
			差出人（さしだしにん）	a sender 寄件人 발송인
点	9画	テン	交差点（こうさてん）	an intersection 十字路口 교차로
			点数（てんすう）	score, points 分数 점수　☞ 数(p.56)
			〜点（てん）	... points 〜点 〜점

Week2 : Go Out ②

橋	16画 キョウ／はし	歩道橋(ほどうきょう)	a footbridge 过街天桥 육교
		橋(はし)	a bridge 桥梁 다리
公	4画 コウ	公園(こうえん)	a park 公园 공원

れんしゅう I 正しいほうに○をつけなさい。

① 差出人：手紙や荷物を（a. 送る人　b. 受け取る人）
② 歩道橋：車は（a. わたれる　b. わたれない）橋
③ 5と3の（a. 次　b. 差）は2です。
④ （a. 交番　b. 番号）で道を聞く。
⑤ この本は勉強の（a. 約に　b. 役に）立つ。
⑥ きれいな（a. 郵便　b. 整理）切手を買いました。

れんしゅう II 正しい読みに○をつけなさい。

⑦ 橋　　　1 はち　　2 ばち　　3 はし　　4 ばし
⑧ 市役所　1 しやくしょ　2 しゃくしょ　3 しょくしょ　4 しょくしょ
⑨ 交通　　1 きょうちゅう　2 こうつう　3 こんちゅう　4 きょうつう
⑩ 郵便　　1 やうびん　2 ようべん　3 ゆうびん　4 ゆうべん

れんしゅう III 正しい漢字に○をつけなさい。

⑪ こうかん　1 友換　　2 父換　　3 文換　　4 交換
⑫ てんすう　1 定数　　2 点数　　3 階数　　4 停数
⑬ やっきょく　1 薬局　　2 楽局　　3 薬屋　　4 楽屋
⑭ こうえん　1 草園　　2 楽園　　3 公園　　4 窓園

▶答えは p.39、読みは別冊 p.3

p.35の答え：I －①b　②b　③a　④b　⑤a　⑥b
　　　　　　II －⑦4　⑧3　⑨2　⑩2　　III －⑪1　⑫3　⑬2　⑭3

こうさてん

第2周：外出②／제2주：외출하다②　37

第2週 5日目 でかける ②

病院 (びょういん) Hospital 医院 병원

学習日　月　日（　）

Q. ＿＿＿の読みは？
受信

「送信(そうしん)」の反対(はんたい)ですね。

おぼえましょう

漢字	画数	読み	熟語	意味	熟語	意味
受	8画	ジュ / う-ける	受信(じゅしん)	the receipt of a message　收信　수신	受験(じゅけん)	an entrance examination　应试　수험
			受(う)ける	receive　接受　받다		
付	5画	つ-ける / つ-く	付(つ)ける	put on　附着　붙이다	片付(かたづ)ける	tidy up　收拾　정리하다
			❗受付(うけつけ)	a reception　挂号处、问讯处　접수	付(つ)く	stick to　沾上　붙다
科	9画	カ	科学(かがく)	science　科学　과학	外科(げか)	surgery department　外科　외과
			内科(ないか)	internal medicine　内科　내과	教科書(きょうかしょ)	a textbook　教科书　교과서
鼻	14画	ビ / はな	耳鼻科(じびか)	ears and nose department　耳鼻科　이비과	鼻(はな)	a nose　鼻子　코
婦	11画	フ	婦人(ふじん)	a woman　妇女　부인	産婦人科(さんふじんか)	obstetrics and gynecology department　妇产科　산부인과
			主婦(しゅふ)	a housewife　主妇　주부		
形	7画	ケイ / ギョウ / かたち	形式(けいしき)	a form/type　形式　형식	図形(ずけい)	a diagram　图形　도형
			整形外科(せいけいげか)	orthopedics department　整形外科　정형외과		
			人形(にんぎょう)	a doll/puppet　娃娃　인형	形(かたち)	a shape/form　形状　형태

38　Week2：Go Out ②

骨	10画 コツ ほね	骨折 こっせつ	a bone fracture 骨折 골절	骨 ほね	a bone 骨头、骨架 뼈
折	7画 セツ お-る お-れる	右折 うせつ	a right turn 往右拐 오른쪽으로 꺾어짐	左折 させつ	a left turn 往左拐 왼쪽으로 꺾어짐
		折る お	break/fold (something) 折断 접다, 구부리다	折り紙 お がみ	Japanese art of folding paper 折纸 색종이
		折れる お	be broken 折断 접히다, 부러지다		

れんしゅう I 正しいほうに○をつけなさい。

① 受験：試験（a. に受かる　b. を受ける）こと
② 骨折：骨が（a. まがる　b. おれる）こと
③ 婦人：（a. 女の人　b. おくさん）
④ 教科書：（a. 字を調べる　b. 授業で使う）本
⑤ 受信：メールなどを（a. おくる　b. もらう）こと
⑥ ちらかった部屋を（a. 受付ける　b. 片付ける）。

れんしゅう II 正しい読みに○をつけなさい。

⑦ 人形	1 にんげん	2 じんこう	3 じんけい	4 にんぎょう
⑧ 折り紙	1 ちりがみ	2 おりがみ	3 はりがみ	4 とりがみ
⑨ 外科	1 げか	2 がか	3 ほか	4 がいか
⑩ 骨	1 はね	2 こね	3 ほね	4 むね

れんしゅう III 正しい漢字に○をつけなさい。

⑪ かたち	1 線	2 形	3 面	4 点
⑫ じびか	1 目鼻科	2 耳鼻科	3 耳目科	4 目耳科
⑬ うせつ	1 右折	2 左折	3 石折	4 各折
⑭ しゅふ	1 夫婦	2 王婦	3 玉婦	4 主婦

▶答えは p.41、読みは別冊 p.3

じゅしん

p.37の答え： I － ① a　② b　③ b　④ a　⑤ b　⑥ a
II － ⑦ 3　⑧ 1　⑨ 2　⑩ 3　III － ⑪ 4　⑫ 2　⑬ 1　⑭ 3

第2周：外出②／제2주：외출하다②

第2週 6日目

でかける ②

困ったときは

When You Need Help
为难的时候
곤란할 때는

学習日　月　日（　）

Q. ＿＿＿ の読みは？　伝言

 でんごん
 でんげん
 つたこと
 つたごと

おぼえましょう

困ったときの電話番号

消防（火事・救急車）　119番
警察（事件・事故）　110番
災害用伝言ダイヤル　171番

困	7画	こま-る	困る (こま)	be in trouble 困难、为难　곤란하다			
消	10画	ショウ き-える け-す	消防 (しょうぼう) / 消す (け)	fire fighting 消防　소방 / extinguish 擦掉　지우다	消える (き) / 消しゴム (け)	be extinguished, disappear 消失　사라지다 / an eraser 橡皮擦　지우개
防	7画	ボウ ふせ-ぐ	予防 (よぼう) / 防ぐ (ふせ)	precaution, prevention 预防　예방 / prevent 防止　막다, 방지하다			
救	11画	キュウ すく-う	救急車 (きゅうきゅうしゃ) / 救う (すく)	an ambulance 救护车　구급차 / save 救　구하다			
警	19画	ケイ	警官 (けいかん)	a police officer 警官　경관			
察	14画	サツ	警察 (けいさつ)	police 警察　경찰	警察署 (けいさつしょ)	a police station 警察局　경찰서

故 9画 コ

事故(じこ) an accident 事故 사고		故障(こしょう) breakdown, failure 故障 고장
故○○(こ) the late Mr. 已故○○ 고○○		

伝 6画 デン つた-える

伝言(でんごん) a (verbal) message 留言 전언	
伝える(つたえる) convey, communicate 传达 전하다	お手伝う(てつだう) help ... 帮助 돕다

カタカナもおぼえよう！
メッセージ（伝言(でんごん)） message 留言 전언
マッサージ massage 按摩 맛사지

れんしゅう I 正しいほうに○をつけなさい。

① 故障：（a. こわれている　b. しまっている）
② 伝言：（a. メッセージ　b. マッサージ）
③ 救急車：（a. 病人やけが人を運ぶ　b. パトロールする）車
④ 消防車：（a. 病気を防ぐ　b. 火事を消す）車
⑤ みなさんに、よろしく（a. お伝え　b. お願い）ください。
⑥ 将来(しょうらい)（a. 警官　b. 警察）になりたい。

れんしゅう II 正しい読みに○をつけなさい。

⑦ 救う　　　1 すくう　　2 つくう　　3 きゅう　　4 こう
⑧ 消える　　1 もえる　　2 けえる　　3 きえる　　4 こえる
⑨ 警察　　　1 けいさつ　2 けんさつ　3 かいさつ　4 けいさい
⑩ 防ぐ　　　1 かせぐ　　2 ふせぐ　　3 ふさぐ　　4 いそぐ

れんしゅう III 正しい漢字に○をつけなさい。

⑪ こまる　　1 回る　　　2 因る　　　3 囚る　　　4 困る
⑫ じこ　　　1 事枚　　　2 事救　　　3 事改　　　4 事故
⑬ てつだう　1 手助う　　2 手伝う　　3 手替う　　4 手救う
⑭ よぼう　　1 矛防　　　2 呼防　　　3 予防　　　4 了防

▶答え(こた)は p.43、読(よ)みは別冊(べっさつ) p.3

でんごん

p.39の答え： I－① b　② b　③ a　④ b　⑤ b　⑥ b
　　　　　　 II－⑦ 4　⑧ 2　⑨ 1　⑩ 3　　III－⑪ 2　⑫ 2　⑬ 1　⑭ 4

第2週 7日目 でかける ②

復習 + もっと
Review quiz + more
复习 + 更加
복습 + 더

学習日　月　日（　）

復習 しましょう

Q 次の漢字の読みを（　）に書いて、同じ意味のカタカナ語を下から選びましょう。
（答えは p.46）

例）解答（かいとう）[b]

① 空港　（　　　）[　]　② 案内　（　　　）[　]
③ 公園　（　　　）[　]　④ 技術　（　　　）[　]
⑤ 点　　（　　　）[　]　⑥ 伝言　（　　　）[　]
⑦ 科学　（　　　）[　]　⑧ 予定　（　　　）[　]

a パーク　　b アンサー　　c ポイント　　d メッセージ　　e テクニック
f サイエンス　g スケジュール　h エアポート　i インフォメーション

ミニ・レッスン

授業は「クラス」とも言えます。
「予定がある」は「スケジュール」とは言えませんが、
予定表は「スケジュール表」とも言えます。

A：今日は授業のあと、ピアノのレッスンだから、先に帰るね。
B：うん。あ、今度の土曜日は何か予定ある？
A：予定表見るね。えーっと…。

もっと 勉強しましょう

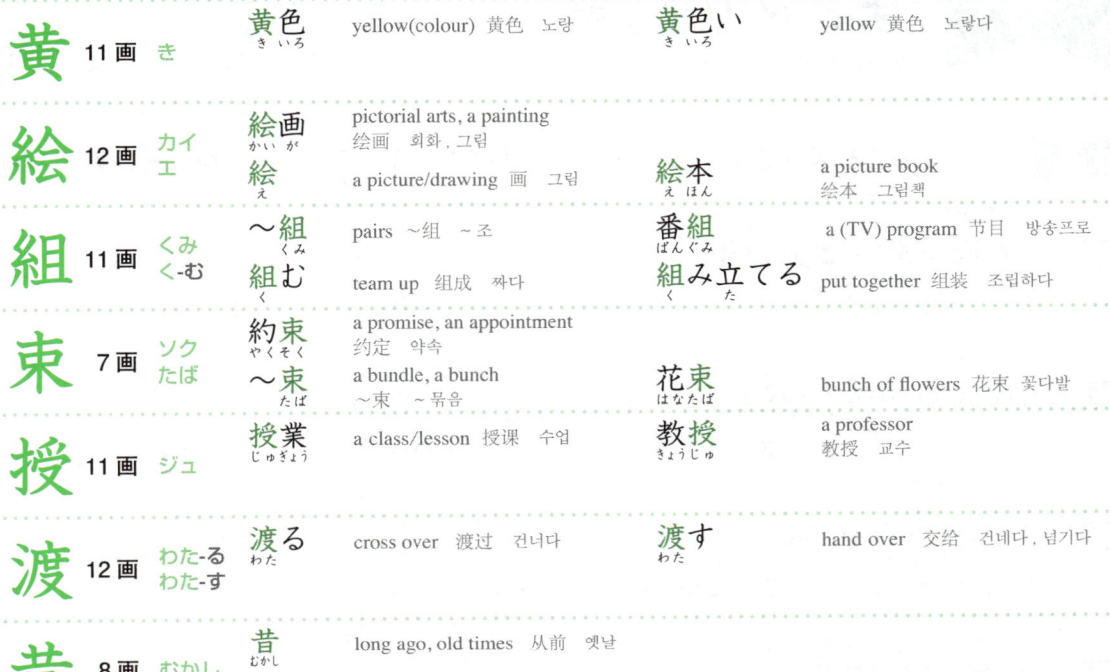

Q 2つの□には同じ漢字が入ります。選んで記号を書きましょう。（答えはp.46）

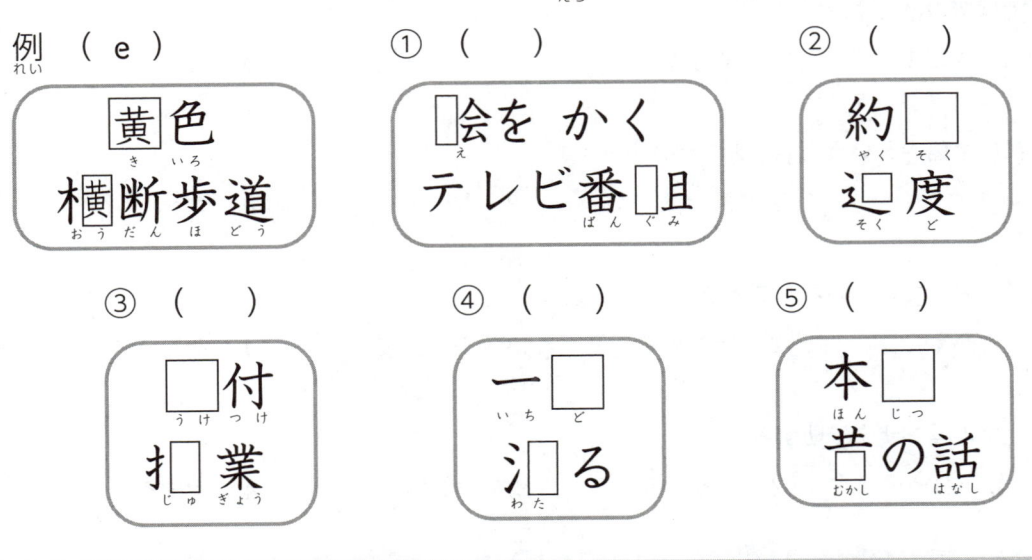

| a 度 | b 日 | c 束 | d 受 | e 黄 | f 糸 |

p.41の答え： I — ①a ②a ③a ④b ⑤a ⑥a
II — ⑦1 ⑧3 ⑨1 ⑩2   III — ⑪4 ⑫4 ⑬2 ⑭3

第2週 7日目 でかける②

まとめの問題

Summary questions 综合问题 정리 문제

制限時間：20分
1問4点×25問
答えは p.46
読みは別冊 p.3～4
点数 ／100

問題1 ＿＿＿のことばの読み方として最もよいものを、1・2・3・4から一つえらびなさい。

1 ご<u>協力</u>ありがとうございます。
  1 きゅうりょく　2 きょうりょく　3 こうりょく　4 こうりゃく

2 日本語がわからなくて<u>困って</u>います。
  1 くまって　2 こまって　3 よわって　4 まいって

3 <u>手伝って</u>くれませんか。
  1 たすけって　2 てつだって　3 ことづかって　4 つたえって

4 <u>美術館</u>に絵を見に行きました。
  1 ぶじゅつかん　2 ぎじゅつかん　3 びじゅつかん　4 しゅじゅつかん

5 <u>空港</u>は空の港です。
  1 くうこう　2 くうきょう　3 こうきょう　4 こうこう

6 京都に金閣<u>寺</u>という有名なお寺があります。
  1 じ　2 ぎ　3 に　4 ち

7 地震に<u>備えて</u>いろいろなことをしています。
  1 むかえて　2 そろえて　3 おさえて　4 そなえて

8 インフルエンザを<u>予防</u>する。
  1 ゆうぼう　2 ようぼう　3 ゆぼう　4 よぼう

9 消しゴムを<u>貸して</u>くれませんか。
  1 きして　2 けして　3 かして　4 さして

10 危ないですから、黄色い線の<u>内側</u>に下がってお待ちください。
  1 うちがわ　2 ないがわ　3 そとがわ　4 うしがわ

[11] 山火事の火はやっと消えたそうです。
1　けえた　　　　2　もえた　　　　3　きえた　　　　4　たえた

[12] 歩道橋を渡ろう。
1　あたろう　　　2　のぼろう　　　3　まがろう　　　4　わたろう

[13] 大学をやめる教授に花束をプレゼントする。
1　きょうじゅ　　2　きゅうじゅ　　3　きゅうじゅう　4　きょうじゅう

[14] この図のとおりに組み立てます。
1　こみたて　　　2　くみたて　　　3　かみたて　　　4　あみたて

[15] この町には観光客がたくさん来ます。
1　かんきょうかく　2　かんきゅうきゃく　3　かんこうきゃく　4　かんこうかく

問題2　＿＿＿のことばを漢字でかくとき、最もよいものを、１・２・３・４から一つえらびなさい。

[16] 友達を助けるのはあたりまえのことです。
1　光たり前　　　2　当たり前　　　3　満たり前　　　4　面たり前

[17] 富士山のかたちは美しい。
1　形　　　　　　2　骨　　　　　　3　様　　　　　　4　煙

[18] ただ今、じゅんびちゅうです。
1　予約中　　　　2　営業中　　　　3　閉店中　　　　4　準備中

[19] さいふをひろったので、けいさつにとどけます。
1　交番　　　　　2　消防　　　　　3　警察　　　　　4　観光

[20] 産婦人かの受付をする。
1　科　　　　　　2　化　　　　　　3　係　　　　　　4　局

問題3 （　）に入れるのに最もよいものを、1・2・3・4から一つえらびなさい。

21 （　）駅では禁煙となっております。
　　1　本　　　　2　今　　　　3　御　　　　4　当

22 この電車は（　）席、指定です。
　　1　満　　　　2　空　　　　3　全　　　　4　次

23 交差点（　）に車を止めてはいけません。
　　1　向　　　　2　側　　　　3　線　　　　4　内

24 私はA（　）に賛成です。
　　1　番　　　　2　券　　　　3　案　　　　4　段

25 この町の人口は（　）20万人です。
　　1　各　　　　2　現　　　　3　過　　　　4　約

復習＋もっと（p.42～43）の答え：
[復習] ①くうこう　h　②あんない　i　③こうえん　a　④ぎじゅつ　e
　　　⑤てん　c　⑥でんごん　d　⑦かがく　f　⑧よてい　g

[もっと] ①f　②c　③d　④a　⑤b

まとめの問題（p.44～46）の答え：
問題1　[1]2　[2]2　[3]2　[4]3　[5]1　[6]1　[7]4　[8]4　[9]3　[10]1
　　　[11]3　[12]4　[13]1　[14]2　[15]3
問題2　[16]2　[17]1　[18]4　[19]3　[20]1
問題3　[21]4　[22]3　[23]4　[24]3　[25]4

第3週

つかう

Use
用
사용하다

第3週 1日目 つかう

要冷蔵
ようれいぞう

Keep Refrigerated
需要冷藏
요냉장

学習日　　月　日（　）

Q. ＿＿の読みは？
保存

ほぞん

ほじょん

ほそん

おぼえましょう

生物ですので、なるべく早くお召し上がりください。
要冷凍

要冷蔵

日の当たらないところに保存してください。

冷暗所に保存し、開封後は必ず冷蔵庫に保存してください。

これは「なまもの」とよみます。人や鳥は「せいぶつ／いきもの」ですね。

要 9画　ヨウ　い-る
- 必要(な)　necessary　必要　필요
- 要る　need　需要　필요하다
- 重要(な)　important　重要　중요(한)

冷 7画　レイ／つめ-たい／ひ-やす／ひ-える／さ-める／さ-ます
- 冷房(れいぼう)　air cooling　冷气　냉방
- 冷やす　cool, chill　弄凉　차게 하다
- 冷める　cool down　变冷、变冷淡　식다
- 冷たい　cold　冷　차갑다
- 冷える　become cold/chilly　变冷　식다
- 冷ます　cool something down　弄凉　식히다

蔵 15画　ゾウ
- 冷蔵庫(れいぞうこ)　a refrigerator　冰箱　냉장고

凍 10画　トウ／こお-る
- 冷凍庫(れいとうこ)　a freezer　冷库　냉동고
- 凍る　freeze　冻住　얼다

庫 10画　コ
- 金庫(きんこ)　a safe　金库　금고
- 車庫(しゃこ)　a garage　车库　차고

召 5画　め-す
- 召し上がる　eat (honorific form)　吃、喝　드시다

48　Week3 : Use

漢字	画数	音訓	語例	意味
保	9画	ホ	保存する（ほぞん）	preserve 保存 보존
存	6画	ゾン	ご存じです（ぞん）	know (honorific form) 知道(尊敬语) 알고 있으십니다
			存じません（ぞん）	I do not know (humble form) 不知道 알지못합니다
必	5画	ヒツ かなら-ず	必要(な)（ひつよう）	necessary 必要 필요
			必死(に)（ひっし）	desperate(ly) 拼命地 필사
			必ず（かなら）	always, certainly 一定 반드시

れんしゅう Ⅰ 正しいほうに○をつけなさい。

① 要冷蔵：冷蔵する必要が（a. ある　b. ない）
② お召し上がりください：（a. 食べてください　b. 入ってください）
③ ご存じですか：（a. 持っていますか　b. 知っていますか）
④ 冷凍食品：（a. ひえた　b. こおった）食品
⑤ 熱いですから、少し（a. 冷めて　b. 冷まして）お飲みください。
⑥ （a. 必死に　b. 重要に）がんばったら合格した。

れんしゅう Ⅱ 正しい読みに○をつけなさい。

⑦ 保存　　1 ほじょん　2 ほぞん　3 ほうぞん　4 ほうじょん
⑧ 冷える　1 ふえる　　2 さえる　3 ひえる　　4 れえる
⑨ 必ず　　1 ならかず　2 からなず　3 なからず　4 かならず
⑩ 凍る　　1 とうる　　2 こうる　　3 こおる　　4 こごる

れんしゅう Ⅲ 正しい漢字に○をつけなさい。

⑪ つめたい　　1 凍たい　　2 召たい　　3 冷たい　　4 蔵たい
⑫ いらない　　1 不らない　2 知らない　3 要らない　4 重らない
⑬ きんこ　　　1 銀行　　　2 銀庫　　　3 金行　　　4 金庫
⑭ ぞんじません 1 存じません 2 在じません 3 信じません 4 蔵じません

▶答えは p.51、読みは別冊 p.4

第3週 2日目 つかう

消費期限（しょうひきげん）
Consume-By Date
消费期限
소비기한

学習日　月　日（　）

Q. ____ の読みは？　消費期限

しょうみきげん　しゅうひきげん　しょうひきげん　しゅうみきげん

おぼえましょう

製造年月日　22.11.25
消費期限　22.11.30

保存方法：常温で保存
賞味期限　23.01.31

漢字		熟語	意味	熟語	意味
費	12画 ヒ	費用（ひよう）	an expense, cost　费用　비용	消費者（しょうひしゃ）	consumers　消费者　소비자
		旅費（りょひ）	travelling expenses　旅费　여비	会費（かいひ）	a membership fee　会费　회비
期	12画 キ	期間（きかん）	a period of time　期间　기간	定期券（ていきけん）	a commuter pass　月票　정기권
		長期（ちょうき）	a long period　长期　장기	⇔ 短期（たんき）	a short period　短期　단기
限	9画 ゲン　かぎ-る	期限（きげん）	a time limit　期限　기한	限度（げんど）	a limit　限度　한도
		限定（げんてい）	limitation　限定　한정	限る（かぎる）	limit, restrict　限于　한정하다
製	14画 セイ	○○製（せい）	made in/of ○○　○○制　○○제	製品（せいひん）	a product　制品　제품
造	10画 ゾウ　つく-る	製造（せいぞう）	manufacture, production　制造　제조		
		造る（つくる）	make　制、作、造　제조하다		
賞	15画 ショウ	賞（しょう）	an award, a prize　赏　상　奖	賞味期限（しょうみきげん）	a best-before date　保存期限　유효기간
		賞金（しょうきん）	prize money　奖金　상금	賞品（しょうひん）	a prize　奖品　상품

漢字	画数	読み	熟語		
法	8画	ホウ	方法（ほうほう） a method/way 方法 방법	文法（ぶんぽう） grammar 文法 문법	
温	12画	オン／あたた-かい	温度（おんど） temperature 温度 온도 常温（じょうおん） normal temperature 常温 상온	気温（きおん） air temperature 気温 기온 温かい（あたた） warm 暖和的 따뜻하다	

れんしゅうⅠ 正しいほうに○をつけなさい。

① 製造年月日：この日に（a. うられた　b. つくられた）
② 賞味期限：この日まで（a. 食べてはいけない　b. おいしく食べられる）
③ 常温で保存：冷蔵庫に（a. 入れなくていい　b. 入れなければいけない）
④ 期間限定：その期間（a. 以外　b. だけ）
⑤ 優勝の（a. 賞品　b. 商品）は10万円の旅行券です。
⑥ 毎日会社や学校へ通う人は（a. 乗車券　b. 定期券）が便利で得です。

れんしゅうⅡ 正しい読みに○をつけなさい。

⑦ 温かい　　1 やらわかい　2 あかたかい　3 やわらかい　4 あたたかい
⑧ 限る　　　1 かにる　　　2 かぎる　　　3 かみる　　　4 かげる
⑨ 造る　　　1 つくる　　　2 こくる　　　3 めくる　　　4 ちくる
⑩ 消費者　　1 そうひしゃ　2 しょうひしゃ　3 ちょうひしゃ　4 しゅうひしゃ

れんしゅうⅢ 正しい漢字に○をつけなさい。

⑪ おんど　　1 温席　　2 温度　　3 温渡　　4 温庫
⑫ せいひん　1 表品　　2 製品　　3 裏品　　4 袋品
⑬ ほうほう　1 万去　　2 万法　　3 方去　　4 方法
⑭ ちょうき　1 長期　　2 中期　　3 短期　　4 満期

▶答えはp.53、読みは別冊p.4

p.49の答え：Ⅰ－①a ②a ③b ④b ⑤b ⑥a
　　　　　　Ⅱ－⑦2 ⑧3 ⑨4 ⑩3　Ⅲ－⑪3 ⑫3 ⑬4 ⑭1

しょうひきげん

第3週 3日目 つかう

自動販売機(じどうはんばいき)

Vending Machines
自动贩卖机
자동판매기

学習日　　月　日（　）

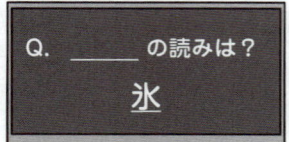
Q. ＿＿＿の読みは？　氷

 こうり
 こおり
 みず
 すい

おぼえましょう

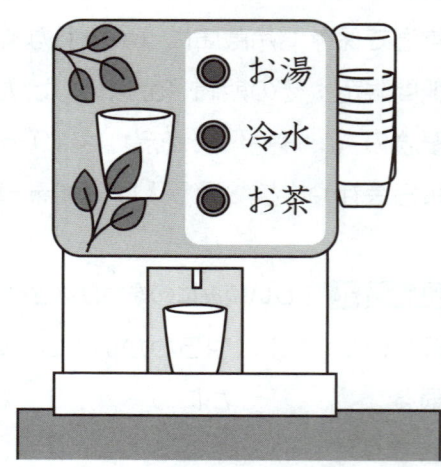

漢字	画数	読み	語例	意味	語例	意味
販	11画	ハン	販売(はんばい)	selling 贩卖 판매	自動販売機(じどうはんばいき)	a vending machine 自动贩卖机 자동판매기
機	16画	キ	飛行機(ひこうき)	an airplane 飞机 비행기	機械(きかい)	a machine 机器 기계
			機会(きかい)	an opportunity, a chance 机会 기회		
増	14画	ゾウ／ふ-える／ふ-やす	増加(ぞうか)	an increase 増加 증가　☞加(p.115)	増やす(ふやす)	increase, add 増多 늘리다
			増える(ふえる)	increase 増加 늘다		
減	12画	ゲン／へ-る／へ-らす	減少(げんしょう)	a decrease 減少 감소	減らす(へらす)	decrease, reduce 使……減少 줄이다
			減る(へる)	decrease 減少 줄다		
量	12画	リョウ	量(りょう)	quantity 量 양	数量(すうりょう)	amount 数量 수량　☞数(p.56)
			増量(ぞうりょう)	an increase in quantity 増量 증량	⇔減量(げんりょう)	a loss in quantity (weight) 減量 감량
氷	5画	こおり	氷(こおり)	ice 冰 얼음		

漢字		語例			
返	7画 ヘン かえ-す	返事（へんじ）	a reply 回答 대답	返却（へんきゃく）	giving back 归还 반납
		返す（かえす）	return (something) 归还 돌려주다		
湯	12画 ゆ	（お）湯（ゆ）	hot water 热水 뜨거운 물		

カタカナもおぼえよう！
- マシン（機械/きかい） a machine 机器 기계
- オートマチック（自動/じどう） automatic 自动 자동
- チャンス（機会/きかい） a chance 机会 기회, 찬스
- アスレチック athletic 体育 체육

れんしゅうⅠ 正しいほうに○をつけなさい。
① 販売：（a. 売ること　b. 買うこと）
② 機会：（a. マシン　b. チャンス）
③ 返事：（a. よぶこと　b. こたえること）
④ 自動：（a. オートマチック　b. アスレチック）
⑤ 人口が（a. 減量する　b. 減少する）。
⑥ おつりをもらうときは、（a. 返却ボタン　b. 確認ボタン）を押す。

れんしゅうⅡ 正しい読みに○をつけなさい。
⑦ 冷水　　1 おひや　　2 りょうすい　　3 れいすい　　4 おみず
⑧ 増える　1 ほえる　　2 ふえる　　　　3 はえる　　　4 ひえる
⑨ 減る　　1 はる　　　2 ふる　　　　　3 ひる　　　　4 へる
⑩ 返す　　1 かいす　　2 かえす　　　　3 かれす　　　4 はずす

れんしゅうⅢ 正しい漢字に○をつけなさい。
⑪ こおり　1 水　　2 永　　3 氷　　4 凍
⑫ ゆ　　　1 湯　　2 場　　3 揚　　4 楊
⑬ きかい　1 自動　2 販売　3 機合　4 機械
⑭ りょう　1 重　　2 量　　3 黒　　4 里

▶答えは p.55、読みは別冊 p.4

p.51の答え：Ⅰ—①b ②b ③a ④b ⑤a ⑥b
　　　　　　Ⅱ—⑦4 ⑧2 ⑨1 ⑩2　Ⅲ—⑪2 ⑫2 ⑬4 ⑭1

こおり

第3周：用／제3주：사용하다

第3週 4日目 つかう

レシピ
Recipes
（饭菜的）制作方法
레시피

学習日　　月　日（ ）

Q. ＿＿＿の読みは？
弱火

料理のことばに「弱火・中火・強火」があります。

おぼえましょう

材料（4枚分）
卵　　　　　　　　1個
牛乳　　　　　　　150cc
ホットケーキの粉　　1袋

①卵と牛乳を混ぜてから、粉を混ぜます。
②温めて一度冷ましたフライパンに①を入れて弱火で焼きます。
③表面に小さいあなが空いたら裏返します。

漢字	画数	読み	熟語	意味	熟語	意味
材	7画	ザイ	材料（ざいりょう）	ingredients, materials　材料　재료	教材（きょうざい）	teaching material　教材　교재
卵	7画	たまご	卵（たまご）	an egg　卵、鸡蛋　계란	卵焼き（たまごやき）	a Japanese omlet　煎鸡蛋　계란부침
乳	8画	ニュウ	牛乳（ぎゅうにゅう）	(cow's) milk　牛奶　우유		
粉	10画	こな／こ	粉（こな）	powder, flour　粉末　가루		
			小麦粉（こむぎこ）	wheat flour　面粉　밀가루		
袋	11画	ふくろ	袋（ふくろ）	a bag　袋子　주머니	紙袋（かみぶくろ）	a paper bag　纸袋　종이봉투
			ごみ袋（ごみぶくろ）	a garbage bag　垃圾袋　쓰레기봉투	手袋（てぶくろ）	gloves　手套　장갑
			足袋（たび）	tabi (traditional Japanese socks worn with a kimono)　日本式布袜子　일본식 버선		
混	11画	コン／ま-ぜる／こ-む	混雑（こんざつ）	congestion　混杂　혼잡	混ぜる（まぜる）	mix　夹杂、掺混　섞이다
			混む（こむ）	get crowded　拥挤　화학식		

漢字	画数	読み	語例	意味	語例	意味
焼	12画	や-く / や-ける	焼く	roast, grill 烧 태우다, 굽다	焼ける	be burnt/baked 燃烧 타다, 구워지다
表	8画	ヒョウ / おもて / あらわ-す	表(ひょう)	a table (in written documents) 表 표	表面(ひょうめん)	a surface 表面 표면
			発表(はっぴょう)	an announcement 发表 발표	代表(だいひょう)	a representative 代表 대표
			表(おもて)	a surface, face 表面 앞면, 겉	表す(あらわ)	show, express 表示 나타내다
裏	13画	うら	裏(うら)	the reverse/back 背面 뒷면, (옷의) 안	裏返す(うらがえ)	turn ... over 翻过来 뒤집다

れんしゅう I 正しいほうに○をつけなさい。
① 混雑：(a. わけがわからない　b. 人などでいっぱいの) ようす
② 発表：(a. みんなに知らせること　b. 出発の時刻を書いたもの)
③ データをグラフに (a. 現す　b. 表す)。
④ カンガルーのおなかには (a. 箱　b. 袋) がある。　※カンガルー　a kangaroo　袋鼠　캥거루
⑤ オリンピックの (a. 代表　b. 表面) にえらばれる。
⑥ パンを (a. 焼く　b. 焼ける)。

れんしゅう II 正しい読みに○をつけなさい。
⑦ 混ぜる　　1 まぜる　　2 もぜる　　3 なぜる　　4 ねぜる
⑧ 牛乳　　　1 にゅうぎゅう　2 ぎゅうにゅう　3 にゅうぎょう　4 ぎょうにょう
⑨ 小麦粉　　1 こむりこ　2 こめぎこ　3 きなこ　　4 こむぎこ
⑩ 手袋　　　1 おび　　　2 たぶくろ　3 たび　　　4 てぶくろ

れんしゅう III 正しい漢字に○をつけなさい。
⑪ たまご　　1 叩　　2 卵　　3 貝　　4 卯
⑫ おもて　　1 表　　2 裏　　3 面　　4 点
⑬ さます　　1 空ます　2 温ます　3 冷ます　4 凍ます
⑭ ざいりょう　1 材科　2 林料　3 林科　4 材料

▶答えは p.57、読みは別冊 p.4

p.53の答え：I — ① a　② b　③ b　④ a　⑤ b　⑥ a
　　　　　　II — ⑦ 3　⑧ 2　⑨ 4　⑩ 2　　III — ⑪ 3　⑫ 1　⑬ 4　⑭ 2

よわび

第3週 5日目 つかう

コピー機・留守番電話
A Copy Machine, An Answering Machine　复印、录音电话　복사기・자동응답전화

学習日　月　日（　）

Q. ____ の読みは？
部数

コピーは1部、2部と数えます。

おぼえましょう

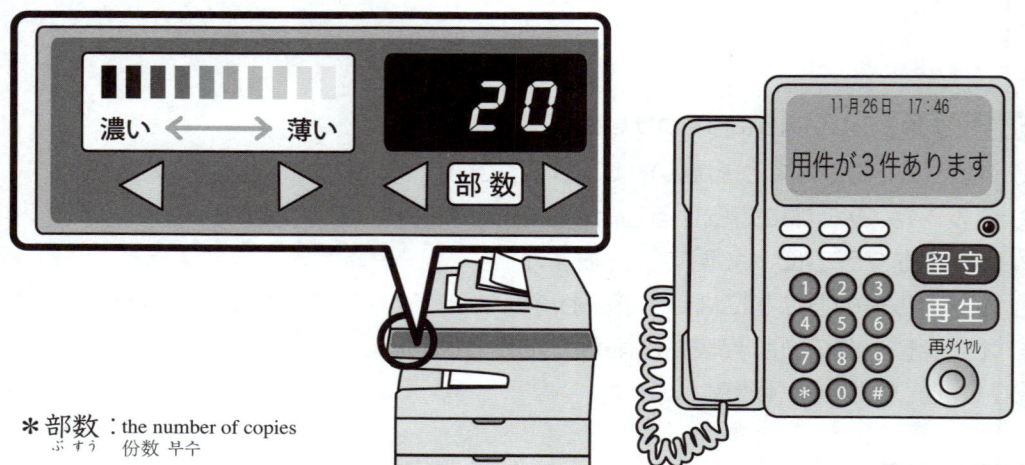

＊部数（ぶすう）：the number of copies　份数　부수

| 留 10画 | リュウ
ル
と-める | 留学 りゅうがく | studying abroad 留学 유학 | 保留 ほりゅう | reservation, suspension 保留 보류 |
| | | ❗留守番 るすばん | staying at home 看家 부재중 | 書留 かきとめ | registration (registered mail) 挂号邮件 등기우편 |

| 守 6画 | シュ
ス
まも-る | 守備 しゅび | defence 守卫 수비 | ❗留守 るす | absence 不在家 부재 |
| | | 守る まも | protect 保卫 지키다 | | |

| 濃 16画 | こ-い | 濃い こ | concentrated, dark (color) 浓 진하다 | | |

| 薄 16画 | うす-い | 薄い うす | thin (material), light (color), weak (drink) 薄 얇다, 엷다, 싱겁다 | | |

| 部 11画 | ブ | 部分 ぶぶん | part 部分 부분 | 学部 がくぶ | faculty 院系 학부 |
| | | 部長 ぶちょう | department head, manager 部长 부장 | ❗部屋 へや | a room 房间 방 |

| 数 13画 | スウ
かず
かぞ-える | 数字 すうじ | number 数字 숫자 | 数学 すうがく | mathematics 数学 수학 |
| | | 数 かず | a number 数量 수 | 数える かぞ | count 数 세다 |

Week3：Use

件 6画 ケン	件名 けんめい	subject (matter/line) 分类专案 건명	事件 じけん	an incident 事件 사건
	用件 ようけん	a business/matter 应办的事情 용건		
再 6画 サイ サ	再入国 さいにゅうこく	e-entering a country 再入境 재입국	再ダイヤル さい	redial(ing) 重拨 재다이얼
	再生 さいせい	regeneration, recycling 再生 재생	❗再来週 さらいしゅう	the week after next 下下周 다다음주

れんしゅう I 正しいほうに○をつけなさい。

① 留学：（a. 卒業できない　b. 外国へ勉強に行く）こと
② 用件：（a. 伝えたい　b. 起こった）こと
③ 保留：しばらく（a. 外国に住む　b. そのままにする）こと
④ 重要な書類を（a. 書留　b. 快速）で送る。
⑤ 両親が出かけて、私は（a. 留守　b. 留守番）をした。
⑥ 約束や時間を（a. 限る　b. 守る）。

れんしゅう II 正しい読みに○をつけなさい。

⑦ 再来週　　1 さんらいしゅう　　2 さいらいしゅう
　　　　　　3 さっらいしゅう　　4 さらいしゅう
⑧ 留守　　　1 るしゅ　　2 りゅす　　3 るす　　4 りゅしゅ
⑨ 数える　　1 かじょえる　2 かずえる　3 かぞえる　4 かじゅえる
⑩ 部屋　　　1 ぶや　　2 へや　　3 はや　　4 ひや

れんしゅう III 正しい漢字に○をつけなさい。

⑪ じけん　　1 試験　　2 事故　　3 実験　　4 事件
⑫ こい　　　1 若い　　2 農い　　3 苦い　　4 濃い
⑬ うすい　　1 薄い　　2 博い　　3 速い　　4 快い
⑭ ぶぶん　　1 倍分　　2 部分　　3 剖分　　4 陪分

▶答えは p.59、読みは別冊 p.4

p.55 の答え：I － ①b ②a ③b ④b ⑤a ⑥a
　　　　　　II － ⑦1 ⑧2 ⑨4 ⑩4　　III － ⑪2 ⑫1 ⑬3 ⑭4

ぶすう

第3周：用／제3주：사용하다

第3週 6日目 つかう

携帯電話 (けいたいでんわ)
Cell Phones
手机
휴대폰

学習日　月　日(　)

Q. ＿＿ の読みは？
登録

 とろく
 とりょく
 とうりょく
 とうろく

おぼえましょう

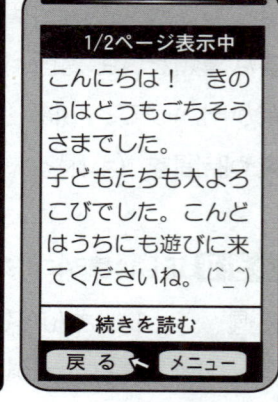

漢字		熟語		熟語	
接	11画　セツ	接続 せつぞく	connection　接续　접속	面接 めんせつ	an interview　面试　면접
続	13画　ゾク　つづ-く　つづ-ける	接続 せつぞく	connection　接续　접속		
		続く つづく	continue, last　继续　이어지다, 계속되다	続ける つづける	continue, repeat　继续　계속하다
示	5画　ジ　しめ-す	表示 ひょうじ	indication, expression　表示　표시	指示 しじ	a direction, instruction　指示　지시
		示す しめす	show, point out　表示、出示　보이다, 가리키다		
戻	7画　もど-る　もど-す	戻る もどる	return, go back　返回　돌아가다	戻す もどす	return, put back　恢复　돌려주다
完	7画　カン	完了 かんりょう	completion　完了　완료		
		完全(な) かんぜん	perfect, complete　完全　완전(한)		
了	2画　リョウ	了解 りょうかい	understanding, agreement　了解　잘 알았음	終了 しゅうりょう	end, expiration　完了　종료

58　Week3：Use

登 12画	トウ ト のぼ-る	登録 とうろく	registration 登记 등록	登山 とざん	mountain climbing 爬山 등산
		登る のぼ	climb 攀登 오르다		
録 16画	ロク	記録 きろく	a record 记录 기록	☞ 記(p.72)	
		録音 ろくおん	recording (sound) 录音 녹음	録画 ろくが	recording (video) 录制影像 녹화

カタカナも おぼえよう！	パーフェクト（完全） perfection 完全 완전
	セーフティ（安全） safety 安全 안전

れんしゅう I 正しいほうに○をつけなさい。

① 接続：(a. つなぐこと　b. つづくこと)
② 仕事の内容をノートに (a. 記録する　b. 登録する)。
③ 医者の (a. 案内　b. 指示) にしたがう。
④ ラジオ番組を (a. 録音する　b. 録画する)。
⑤ 本日の営業は (a. 完了　b. 終了) しました。
⑥ 完全：(a. パーフェクト　b. セーフティ)

れんしゅう II 正しい読みに○をつけなさい。

⑨ 登山	1 とうざん	2 とざん	3 とうさん	4 とさん
⑩ 戻る	1 もどる	2 まどる	3 おとる	4 かえる
⑪ 接続	1 けいぞく	2 せっそく	3 けいそく	4 せつぞく
⑫ 完了	1 わんりょう	2 かんりょう	3 げんりょう	4 しゅうりょう

れんしゅう III 正しい漢字に○をつけなさい。

⑬ しめす	1 指す	2 差す	3 示す	4 消す
⑭ のぼる	1 断る	2 折る	3 降る	4 登る
⑮ ひょうじ	1 表現	2 指示	3 消費	4 表示
⑯ とうろく	1 登録	2 当録	3 登緑	4 当緑

▶答えは p.61、読みは別冊 p.4

```
p.57の答え：I─ ①b ②a ③b ④a ⑤b ⑥b
           II─ ⑦4 ⑧3 ⑨3 ⑩2    III─ ⑪4 ⑫4 ⑬1 ⑭2
```

とうろく

第3週：用／제3주：사용하다

第3週 7日目 つかう

復習 ＋ もっと

Review quiz + more
复习 + 更加
복습 + 더

学習日　月　日（　）

復習しましょう

Q 次の漢字の読みを（　）に書いて、同じ意味のカタカナ語を下から選びましょう。

（答えは p.64）

例）車庫（しゃこ）　g

① 機会（　　　）□　　② 完全（　　　）□
③ 安全（　　　）□　　④ 自動（　　　）□
⑤ 数　（　　　）□　　⑥ 機械（　　　）□
⑦ 部屋（　　　）□　　⑧ 牛乳（　　　）□

a パーフェクト　b マシン　c セーフティ　d チャンス　e ミルク
f ルーム　g ガレージ　h ナンバー　i オートマチック

ミニ・レッスン

車は「番号」ではなく「ナンバー」と言いますが、「数字」や「電話番号」は「ナンバー」とは言いません。

A：何か言った？
B：ああ、前の車のナンバーをフランス語で言ってみたの。
A：数字をおぼえる勉強！　車のナンバーとか電話番号とか数字を見つけたらなんでも言ってみるの。

もっと勉強しましょう

漢字	画数	読み	熟語	意味			
育	8画	イク／そだ-つ／そだ-てる	教育(きょういく)／育(そだ)つ	education 教育 교육／grow 成长 자라다	育(そだ)てる	raise, bring up 养育 기르다	
種	14画	シュ／たね	種類(しゅるい)／種(たね)	type, kind 种类 종류／a seed 种子 재료 씨앗			
類	18画	ルイ	書類(しょるい)／分類(ぶんるい)	a document 文书 서류／classification 分类 분류	人類(じんるい)	the human race 人类 인류	
師	10画	シ	教師(きょうし)／看護師(かんごし)	a teacher 教师 교사／a nurse 护士 간호사	医師(いし)	a doctor 医生 의사	
妻	8画	サイ／つま	夫妻(ふさい)／妻(つま)	husband and wife 夫妻 부부／wife 妻子 아내	☞ 夫(p.79)		
馬	10画	バ／うま	乗馬(じょうば)／馬(うま)	horse riding 骑马 승마／a horse 马 말			
石	5画	セキ／いし	石(せっ)けん／石(いし)	soap 肥皂 비누／stone 石头 돌	石油(せきゆ)	oil (petroleum) 石油 석유 ☞ 油(p.66)	

Q ２つの□には同じ漢字が入ります。選(えら)んで記号を書きましょう。（答えはp.64）

例) 会[社]・[社]員　(c)

① 店□・満□　( )　② 教□・医□　( )

③ □育・□室　( )　④ □妻・□婦　( )

⑤ 書□・種□　( )　⑥ □馬・□車　( )

⑦ □油・□けん　( )

a 石　b 員　c 社　d 師　e 教　f 夫　g 乗　h 類

---

p.59の答え： I ─ ①a ②a ③b ④a ⑤b ⑥a
II ─ ⑦2 ⑧1 ⑨4 ⑩2　III ─ ⑪3 ⑫4 ⑬4 ⑭1

第3週 7日目 つかう

まとめの問題

Summary questions 综合问题 정리 문제

制限時間：20分
1問4点×25問
答えは p.64
読みは別冊 p.5

点数 ／100

月　日（　）

問題1 ＿＿＿＿のことばの読み方として最もよいものを、1・2・3・4から一つえらびなさい。

1 自動販売機で飲み物を買う。
　1　はんばい　　　2　へんばい　　　3　はんまい　　　4　へんまい

2 なるべく早くお召し上がりください。
　1　おみしあがり　2　おねしあがり　3　おめしあがり　4　おむしあがり

3 日本語の教材をさがす。
　1　きょうざい　　2　きゅうざい　　3　きょうぜい　　4　きゅうぜい

4 そこに粉を入れて混ぜます。
　1　すな　　　　　2　こめ　　　　　3　むぎ　　　　　4　こな

5 おべんとうに卵焼きが入っている。
　1　たなごやき　　2　たまごまき　　3　たなごまき　　4　たまごやき

6 交通ルールを守りましょう。
　1　なもりましょう　2　まもりましょう　3　もまりましょう　4　もなりましょう

7 数を数えてください。
　1　かぞ　　　　　2　くず　　　　　3　かず　　　　　4　しゅう

8 お湯を入れて、3分待てば、できあがりです。
　1　ゆ　　　　　　2　よ　　　　　　3　や　　　　　　4　い

9 録音された伝言を再生する。
　1　せいしょう　　2　さいせい　　　3　せいせい　　　4　さいしょう

10 冷房が強すぎます。
　1　れいぼう　　　2　れいぞう　　　3　れいとう　　　4　れいどう

11 書類を郵便で送ります。
　　1　しょるい　　　2　しゅるい　　　3　しりょう　　　4　ちりょう

12 乗馬用の馬を育てる仕事がしたい。
　　1　すだてる　　　2　したてる　　　3　そだてる　　　4　みたてる

13 おそくなる場合は必ず知らせてください。
　　1　からなず　　　2　かならず　　　3　あせらず　　　4　とりあえず

14 A「袋はご利用ですか。」
　　B「いいえ、要りません。」
　　1　ふろく　　　2　ほくろ　　　3　ほろく　　　4　ふくろ

15 このごろパソコンに向かう機会が増えた。
　　1　ほえた　　　2　はえた　　　3　ふえた　　　4　ひえた

問題2　＿＿＿のことばを漢字でかくとき、最もよいものを、1・2・3・4から一つえらびなさい。

16 図書館に本をかえす。
　　1　辺す　　　2　帰す　　　3　替す　　　4　返す

17 ボクサー※は試合前にげんりょうする。　※ボクサー　boxer　拳击家　복서
　　1　減量　　　2　消量　　　3　増量　　　4　限量

18 使い終わったら、もとの場所にもどしてください。
　　1　直して　　　2　返して　　　3　存して　　　4　戻して

19 今日はここまで。つづきはまた来週。
　　1　付き　　　2　続き　　　3　向き　　　4　次き

20 たんき留学をする。
　　1　短機　　　2　短気　　　3　短期　　　4　短式

問題3 （　）に入れるのに最もよいものを、1・2・3・4から一つえらびなさい。

21 交通（　）はいくらですか。
1　金　　　2　代　　　3　料　　　4　費

22 この資料（しりょう）を30（　）コピーしてください。
1　束　　　2　部　　　3　組　　　4　点

23 紙（　）にお入れしましょうか。
1　袋　　　2　庫　　　3　材　　　4　製

24 （　）冷凍と書いてあります。
1　必　　　2　限　　　3　要　　　4　保

25 （　）ダイヤルボタンを押す。
1　濃　　　2　再　　　3　薄　　　4　伝

復習＋もっと（p.60〜61）の答え：
[復習] ①きかい　d　②かんぜん　a　③あんぜん　c　④じどう　i
　　　⑤かず　h　⑥きかい　b　⑦へや　f　⑧ぎゅうにゅう　e

[もっと] ①b　②d　③e　④f　⑤h　⑥g　⑦a

まとめの問題（p.62〜64）の答え：
問題1　[1] 1　[2] 3　[3] 1　[4] 4　[5] 4　[6] 2　[7] 3　[8] 1　[9] 2　[10] 1
　　　 [11] 1　[12] 3　[13] 2　[14] 4　[15] 3
問題2　[16] 4　[17] 1　[18] 4　[19] 2　[20] 3
問題3　[21] 4　[22] 2　[23] 1　[24] 3　[25] 2

第4週

かう

Buy
买
사다

第4週 1日目 かう

日用品 (にちようひん)
Daily Necessities
日用品
일용품

学習日　月　日（ ）

Q. ＿＿＿の読みは？
一袋

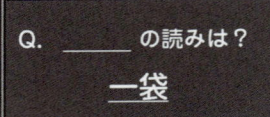
いちふくろ

ひとふろく

ひとふくろ

いちふろく

おぼえましょう

砂糖　1袋 128円
塩
天ぷら油／サラダ油　1本 198円
1袋 700円／1枚 40円
1個 180円
tea bag 緑茶ティーバッグ
tea bag 紅茶ティーバッグ
紅茶・緑茶　各1箱 200円
古本文庫本 ワゴンセール どれでも1冊100円

漢字	画数	読み	語例		語例	
砂	9画	サ／すな	砂糖（さとう）	sugar　砂糖　설탕	砂（すな）	sand　沙　모래
塩	13画	エン／しお	食塩（しょくえん）	table salt　食盐　식염		
			塩（しお）	salt　盐　소금		
油	8画	ユ／あぶら	しょう油（ゆ）	soy sauce　酱油　간장	石油（せきゆ）	oil (petroleum)　石油　석유
			灯油（とうゆ）	kerosene　灯油　등유	油（あぶら）	oil　油　기름
緑	14画	リョク／みどり	緑茶（りょくちゃ）	green tea　绿茶　녹차		
			緑(色)（みどり(いろ)）	green colour　绿色　녹색		
紅	9画	コウ／べに	紅茶（こうちゃ）	tea　紅茶　홍차		
			口紅（くちべに）	lipstick　口红　립스틱		
冊	5画	サツ	～冊（さつ）	counter for books　～本、～册　~권	冊数（さっすう）	the number of books　册数　권수

Week4：Buy

個 10画 コ	～個（こ）	counter of general objects ～个 ～개	個数（こすう）	the number of items 个数 개수
	個人（こじん）	individual (person) 个人 개인	↔団体（だんたい）	a group 团体 단체
枚 8画 マイ	～枚（まい）	counter for flat objects ～张 ～장	枚数（まいすう）	the number of sheets/copies 张数 매수

れんしゅう I　正しいほうに○をつけなさい。

① 灯油：（a. 料理　b. ヒーターなど）に使う油
② 口紅：（a. 食品　b. 化粧品）の一つ
③ 海岸で（a. 砂　b. 粉）遊びをする。
④ この切手を 10（a. 枚　b. 部）ください。
⑤ 1（a. 個　b. 固）200 円のりんご
⑥ 図書館で本を 2（a. 本　b. 冊）借りました。

れんしゅう II　正しい読みに○をつけなさい。

⑦ 石油	1 とうゆ	2 しょうゆ	3 せきゆ	4 いしゆ
⑧ 砂糖	1 さとう	2 しゃとう	3 こしょう	4 こむぎ
⑨ 個人	1 ことな	2 こにん	3 こびと	4 こじん
⑩ 緑	1 みのり	2 みどり	3 みろり	4 みだり

れんしゅう III　正しい漢字に○をつけなさい。

⑪ こうちゃ	1 赤茶	2 黒茶	3 紅茶	4 黄茶
⑫ あぶら	1 由	2 畑	3 柚	4 油
⑬ しお	1 酢	2 塩	3 酒	4 乳
⑭ ぶすう	1 冊数	2 部数	3 枚数	4 個数

▶答えは p.69、読みは別冊 p.5

ひとふくろ

第4週 2日目

かう
広告メール
（こうこく）

Advertisement E-mail
广告邮件
광고 메일

学習日　　月　　日(　)

Q. ＿＿＿の読みは？　**割引**

おぼえましょう

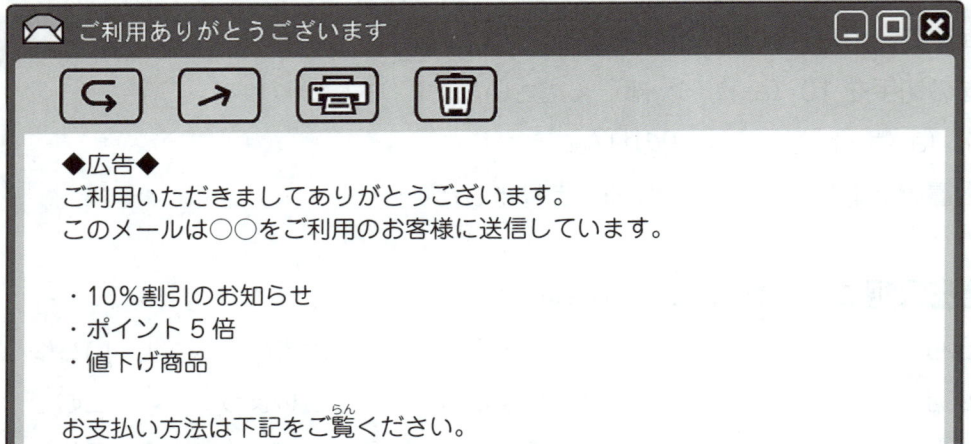

◆広告◆
ご利用いただきましてありがとうございます。
このメールは○○をご利用のお客様に送信しています。

・10%割引のお知らせ
・ポイント5倍
・値下げ商品

お支払い方法は下記をご覧ください。

告 7画 コク　　広告（こうこく）　an advertisement　广告　광고

利 7画 リ　　便利（べんり）（な）convenient　方便　편리　　利用（りよう）use　利用　이용

割 12画 わ-る／わ-れる　　割る（わる）break (something)　割、除　깨다　　割れる（われる）be broken/cracked　裂开　깨지다, 쪼개지다　　割合（わりあい）a ratio, a percentage　比例　비율　　割引（わりびき）a discount　折扣　할인

倍 10画 バイ　　～倍（ばい）... times (quantity - e.g. twice as many)　～倍　～배　　倍（ばい）＝2倍

値 10画 ね　　値段（ねだん）a price　价格　가격　　値上げ（ねあげ）a price increase　提高价格　요금인상　　⇔値下げ（ねさげ）a price reduction　降低价格　요금인하

商 11画 ショウ　　商品（しょうひん）goods　商品　상품　　商店（しょうてん）a shop　商店　상점

支	4画 シ	支店 してん	a branch (office/store) 分店 지점	↔	本店 ほんてん	the main branch of a store 本店 본점
		支社 ししゃ	a branch office 分公司 지사	↔	本社 ほんしゃ	the head office 总公司 본사
払	5画 はら-う	払う はら	pay, sweep away 支付 지불하다		支払い しはら	a payment 付款 지불

れんしゅう I 正しいほうに○をつけなさい。

① 広告：商品などについての（a. お知らせ　b. お断り）
② １割引：10%（a. 高くなる　b. 安くなる）こと
③ 窓ガラスが（a. 割る　b. 割れる）。
④ この店の（a. 本店　b. 当店）は東京にある。
⑤ 卵とスープは１：３の（a. 割合　b. 材料）にします。
⑥ その町の観光客は前の年の（a. ３割　b. ３倍）に増加した。

れんしゅう II 正しい読みに○をつけなさい。

⑦ 値下げ　　1 ねさげ　　2 にさげ　　3 ぬさげ　　4 ちさげ
⑧ 商品　　　1 しゅうひん　2 せいひん　3 しょうひん　4 そうひん
⑨ 払う　　　1 あらう　　2 わらう　　3 はらう　　4 ひろう
⑩ 倍　　　　1 べい　　　2 ばい　　　3 まい　　　4 わり

れんしゅう III 正しい漢字に○をつけなさい。

⑪ べんり　　1 便別　　2 便判　　3 便利　　4 便刑
⑫ ねだん　　1 階段　　2 値段　　3 直段　　4 相段
⑬ ししゃ　　1 冬社　　2 友社　　3 皮社　　4 支社
⑭ こうこく　1 広各　　2 広告　　3 広局　　4 広格

▶答えは p.71、読みは別冊 p.5

---

p.67 の答え： I － ①b　②b　③a　④a　⑤a　⑥b
　　　　　　 II － ⑦3　⑧1　⑨4　⑩2　　III － ⑪3　⑫4　⑬2　⑭2

わりびき

第4週 3日目 かう

通信販売（つうしんはんばい）
Mail-Order Sales
网络（电话）购物
통신판매

学習日　月　日（ ）

Q. ＿＿＿の読みは？　**税込価格**

- ぜいこみかきゃく
- ぜいこみかかく
- ぜいごみかかく
- ぜいごみかきゃく

おぼえましょう

米国○○社製
高級スニーカー

残りわずか！

税込価格： 5,250円

日本製
新型ＭＰ３プレーヤー

格安！！

税込価格： 9,450円

漢字	画数	読み	熟語	意味	熟語	意味
米	6画	ベイ / こめ	米国（べいこく）	the United States of America　美国　미국	米（こめ）	rice　稻米　쌀
級	9画	キュウ	高級（こうきゅう）/ 上級（じょうきゅう）	high class/grade　高級　고급 / advanced level　高級　상급	中級（ちゅうきゅう）	intermediate level　中級　중급
残	10画	ザン / のこ-る / のこ-す	残業（ざんぎょう）/ 残る（のこる）	overtime work　加班　잔업 / remain, be left behind　剩余　남다	残り（のこり）/ 残す（のこす）	the remainder　剩余　나머지 / leave, leave behind　留下　남기다
型	9画	かた	大型（おおがた）/ 新型（しんがた）	large/jumbo size　大型　대형 / new model　新型　신형	小型（こがた）	small size　小型　소형
税	12画	ゼイ	消費税（しょうひぜい）	consumption tax　消費税　소비세	税金（ぜいきん）	a tax　税金　세금
込	5画	こ-む	込む（こむ）/ 振り込む（ふりこむ）	be congested/crowded　拥挤，进入，加深　들어차다, 몰리다　←「混む」とも書く。/ transfer money to a person's account　汇款　납입하다	税込（ぜいこみ）	tax included　税后(金額)　세입

Week4：Buy

価	8画 カ	価格（かかく） a price 价格 가격	定価（ていか） a fixed price 定价 정가
格	10画 カク	合格（ごうかく） pass an exam 合格 합격	❶格安（かくやす） bargain 特別便宜 매우 싼 가격

れんしゅう I 正しいほうに○をつけなさい。

① 米国：（a. イギリス　b. アメリカ）
② 税込：税金が（a. ふくまれている　b. ふくまれていない）
③ 合格：試験に（a. 受かる　b. 受ける）
④ 残業：終わりの時間が過ぎても（a. 授業　b. 仕事）をすること
⑤ 道が（a. 組んでいる　b. 込んでいる）。
⑥ 日本語のクラスは初級、中級、（a. 上級　b. 高級）に分かれています。

れんしゅう II 正しい読みに○をつけなさい。

⑦ 米　　　1 まめ　　　2 むぎ　　　3 こめ　　　4 めし
⑧ 税金　　1 ざいきん　2 ちょきん　3 しゃっきん　4 ぜいきん
⑨ 小型　　1 こけい　　2 こがた　　3 しょうけい　4 おがた
⑩ 残業　　1 さんぎょう　2 せんぎょう　3 ざんぎょう　4 じゅんぎょう

れんしゅう III 正しい漢字に○をつけなさい。

⑪ かくやす　　1 各安　　2 格安　　3 客安　　4 額安
⑫ のこる　　　1 戻る　　2 登る　　3 凍る　　4 残る
⑬ ていか　　　1 定価　　2 停過　　3 定値　　4 走過
⑭ しょうひぜい　1 生費税　2 食費税　3 消費税　4 商費税

▶答えは p.73、読みは別冊 p.5

p.69 の答え： I － ①a　②b　③b　④a　⑤a　⑥b
　　　　　　　II － ⑦1　⑧3　⑨3　⑩2　　III － ⑪3　⑫2　⑬4　⑭2

ぜいこみかかく

第4週 4日目

かう

申込書
もうしこみしょ

Application Forms
申请书
신청서

学習日　月　日（　）

Q. ＿＿＿の読みは？
連絡先

よんらくさき
でんらくさき
れんなくさき
れんらくさき

おぼえましょう

申込書

（記入例）				
フリガナ		タナカ		シンイチ
名前	姓 せい	田中	名 めい	信一
年齢		23 歳		
性別		ⓜ男・女		
連絡先	住所	東京都〇〇区〇〇 1-2-3		
	電話番号	03-XXXX-XXXX		

動詞の「申し込む」は送り仮名を書きますが、名詞は「申込書」と書きます。「受け付ける」が「受付」となるのと同じです。

申 5画 シン／もう-す	申告 しんこく	a declaration　申报　신고	申請 しんせい	application　申请　신청
	申し込む もうしこ	apply, propose　申请　신청	申込書 もうしこみしょ	an application form　申请书　신청서
	申す もう	say (humble form)（謙）说、叫作　말하다	申し上げる もうあ	say (very humble form)（謙）说　말씀드리다
記 10画 キ	記入 きにゅう	entry　記入　기입	日記 にっき	a diary, a journal　日記　일기
	記号 きごう	a sign, a symbol　記号　기호	記事 きじ	an article　报道　기사
例 8画 レイ／たと-える	例 れい	an example　例子　예	例えば たと	for example　例如・예를 들면
齢 17画 レイ	年齢 ねんれい	age　年齢　연령	高齢 こうれい	old age　高齢　고령
歳 13画 サイ	～歳 さい	... years old　～岁　～세	二十歳 にじゅっさい はたち	20 years old　스무살　二十岁

72　Week4 : Buy

漢字	画数・読み	語例	意味
性	8画 セイ	性別（せいべつ）／女性（じょせい）	sex, gender 性別 성별 ／ woman 女性 여성
		性格（せいかく）／男性（だんせい）	personality 性格 성격 ／ man 男性 남성
連	10画 レン、つ-れる	連休（れんきゅう）	consecutive holidays 连休 연휴
		連れて行く（つれていく）／連れて来る（つれてくる）	take someone to … 带去 데리고 가다 ／ bring someone to … 带来 데리고 오다
絡	12画 ラク	連絡（れんらく）	contact, connection 联络 연락

れんしゅう I 正しいほうに○をつけなさい。

① 連休：（a. 休日が続いている　b. 電車が止まっている）こと
② 記入：（a. 袋に入れる　b. 書き入れる）こと
③ 祖父は（a. 高齢　b. 多齢）のため、一人で外出できません。
④ 税金を（a. 申告　b. 申込）する。
⑤ 犬を散歩に（a. 連れて行く　b. 持って行く）。
⑥ 新聞（a. 記事　b. 記号）を読む。

れんしゅう II 正しい読みに○をつけなさい。

⑦ 例えば　　1 たたえば　2 とたえば　3 たとえば　4 こたえば
⑧ 申込書　　1 しんこくしょ　2 もうしこみしょ
　　　　　　3 めしこみしょ　4 しんせいしょ
⑨ 年齢　　　1 れんれい　2 れんねい　3 ねんらい　4 ねんれい
⑩ 二十歳　　1 はたち　2 はつか　3 はだち　4 ふつか

れんしゅう III 正しい漢字に○をつけなさい。

⑪ れんらく　1 連格　2 運格　3 連絡　4 運絡
⑫ きごう　　1 信号　2 番号　3 記号　4 暗号
⑬ にっき　　1 日記　2 日時　3 日付　4 日気
⑭ だんせい　1 個性　2 女性　3 中性　4 男性

▶答えは p.75、読みは別冊 p.5

p.71 の答え： I — ①b　②a　③a　④b　⑤b　⑥a
　　　　　　 II — ⑦3　⑧4　⑨2　⑩3　　III — ⑪2　⑫4　⑬1　⑭3

れんらくさき

第4週 5日目　かう

注文（ちゅうもん）
Ordering
定货
주문

Q. ＿＿＿の読みは？
荷物

 みもつ
 かもつ
 にもつ
 かぶつ

おぼえましょう

❖ お届け方法：◎宅配便　◎メール便
❖ 希望お届け時間：◎午前中　◎13時〜17時　◎17時〜20時
（受付後、12時間以内に出荷します。）
❖ お支払い方法の指定：◎振込　◎代金引換　◎コンビニ支払　◎クレジットカード

明細（めいさい）

商品		数量	金額
○○	¥2,000	1	2,000
△△	¥500	2	1,000
配送料【無料】			0
合計			3,000

届 8画　とど-ける／とど-く
- 届ける（とどける）　deliver　送到　보내다
- 届く（とどく）　arrive (mail)　送到　닿다, 미치다

宅 6画　タク
- 自宅（じたく）　one's house/home　自己的家　자택
- お宅（たく）　house/home (respectful form)　府上　댁
- 宅配（たくはい）　home delivery　送货上门　택배

配 10画　ハイ／くば-る
- 配達（はいたつ）　delivery　配送到家　배달
- 配送料（はいそうりょう）　a delivery charge　运费　배송료
- 心配（しんぱい）　anxiety, worry　担心　걱정
- 配る（くばる）　distribute　分配　나누어 주다

希 7画　キ
- 希望（きぼう）　a hope　希望　희망

望 11画　ボウ／のぞ-む
- 失望（しつぼう）　despair, loss of hope　失望　실망　☞失(p.84)
- 望む（のぞむ）　want, hope for　希望　바라다

荷 10画　カ／に
- 入荷（にゅうか）　receipt (of goods)　进货　입하
- 出荷（しゅっか）　shipment　上市　출하
- 荷物（にもつ）　luggage　行李　짐
- 手荷物（てにもつ）　hand luggage　随身行李　수하물

換 12画 カン か-える

交換 こうかん	an exchange 交换 교환
乗り換え のりかえ	changing trains 换乘 환승
代金引換 だいきんひきかえ ＝代引き だいびき	cash on delivery 交货付款 대금을 받고 물건을 건네줌

額 18画 ガク

| 金額 きんがく | an amount/sum (of money) 金额 금액 |
| 半額 はんがく | half price 半价 반액 |

れんしゅうⅠ 正しいほうに○をつけなさい。

① 半額：(a. 5割合　b. 5割引)
② 失望：(a. がっかり　b. びっくり) すること
③ 代引き：(a. 代金が値引きされる　b. 品物と代金を交換する) こと
④ 金額：(a. 値段　b. 合計)
⑤ 空港では (a. 小包　b. 手荷物) 検査がある。
⑥ 地下鉄に (a. 着替える　b. 乗り換える)。

れんしゅうⅡ 正しい読みに○をつけなさい。

⑦ 配る　　1　こばる　　2　かばる　　3　くばる　　4　きばる
⑧ 荷物　　1　にぶつ　　2　かもつ　　3　にもの　　4　にもつ
⑨ 望む　　1　のぞむ　　2　なごむ　　3　ながむ　　4　のどむ
⑩ 配達　　1　そくたち　2　そくたつ　3　はいたち　4　はいたつ

れんしゅうⅢ 正しい漢字に○をつけなさい。

⑪ きぼう　　1　予防　　2　希望　　3　記号　　4　飛行
⑫ しんぱい　1　真配　　2　心配　　3　信配　　4　気配
⑬ じたく　　1　御宅　　2　私宅　　3　自宅　　4　小宅
⑭ こうかん　1　交換　　2　引換　　3　取換　　4　変換

▶答えは p.77、読みは別冊 p.5

にもつ

p.73 の答え：Ⅰ－①a ②b ③a ④a ⑤a ⑥a
　　　　　　Ⅱ－⑦3 ⑧2 ⑨4 ⑩1　Ⅲ－⑪3 ⑫3 ⑬1 ⑭4

第4週 6日目

かう

不在通知 (ふざいつうち)

Notice of Non-Delivery
不在通知（邮递员送信件而无人时留下的联系方式）
부재통지

学習日　　月　日（　）

Q. ＿＿＿の読みは？　**再配達**

- さいはいたつ
- さはいたつ
- さいはいたち
- さはいたち

おぼえましょう

不在通知

受取人様　__田中 信一__様

3月4日 12時ごろ __みどり社__ 様
からのお荷物をお届けに参りましたが、
お留守でしたので持ち帰りました。

お預かりしているお荷物の種類
☐食品　☑衣類　☐書類

再配達をご希望の方はご希望の日と時間をご記入の上、このハガキをポストに入れてください。

＿＿月＿＿日 配達希望
午前　午後　17時～

受取人様の電話番号
（自宅・勤め先・携帯(けいたい)）

漢字	画数	読み	熟語	意味	熟語	意味
在	6画	ザイ	不在(ふざい)	absence　不在家　부재	現在(げんざい)	present (time)　现在　현재
取	8画	と-る	取る(とる) / 受け取る(うけとる)	take　得到　취하다 / receive, take　领取　받다	受取人(うけとりにん)	a recipient　领取人　수취인
預	13画	ヨ／あず-ける	預金(よきん) / 預ける(あずける)	a money deposit　存款　예금 / entrust　寄存　맡기다		
衣	6画	イ	衣類(いるい)	clothing, garments　衣服之总称　의류	衣服(いふく)	clothes, dress　衣服　의복
参	8画	サン／まい-る	参加(さんか) / 参る(まいる)	participation　参加　참가 ☞加(p.115) / go/come (humble form)　来、去　가다, 오다	参考書(さんこうしょ)	a reference book　参考书　참고서
達	12画	タツ	上達(じょうたつ) / ⊖友達(ともだち)	progress, improvement　进步　능숙해짐 / a friend　朋友　친구	速達(そくたつ)	a special delivery　快递　속달

漢字	画数	読み	語例		
勤	12画	キン / つと-める	通勤（つうきん）	commuting to work 通勤 통근	
			勤める（つとめる）	work, be employed 工作 근무하다	
帯	10画	タイ / おび	携帯（電話）（けいたい でんわ）	a cell phone, mobile phone 手机 휴대폰	時間帯（じかんたい） a time zone, a time slot 时间段 시간대
			帯（おび）	a belt/sash （和服的）腰帯 허리에 두르는 띠	

れんしゅう I 正しいほうに○をつけなさい。

① 不在：(a. ない　b. いない)
② 通勤：仕事をする場所（a. に通う　b. を通る）こと
③ 衣類：(a. 着るもの　b. 書いたもの)
④ この時間（a. 期　b. 帯）の電車は込みます。
⑤ 日本語が（a. 上手　b. 上達）した。
⑥ 電車が（a. 参ります　b. 届きます）。

れんしゅう II 正しい読みに○をつけなさい。

⑦ 預金	1 ちゃきん	2 ちょきん	3 よきん	4 ゆきん
⑧ 現在	1 ぜんざい	2 けんざい	3 せんざい	4 げんざい
⑨ 参加	1 さんこう	2 せんか	3 さんが	4 さんか
⑩ 預ける	1 さずける	2 あずける	3 たすける	4 あつける

れんしゅう III 正しい漢字に○をつけなさい。

⑪ ともだち	1 友達	2 友遠	3 友違	4 友過
⑫ まいる	1 配る	2 取る	3 参る	4 座る
⑬ おび	1 衣	2 帯	3 服	4 袋
⑭ とる	1 通る	2 最る	3 割る	4 取る

▶答えは p.79、読みは別冊 p.6

p.75の答え：I ― ①b　②a　③b　④a　⑤b　⑥b
II ― ⑦3　⑧4　⑨1　⑩4　III ― ⑪2　⑫2　⑬3　⑭1

さいはいたつ

第4週 7日目 かう

復習＋もっと
Review quiz + more
复习＋更加
복습＋더

学習日　月　日（ ）

復習しましょう

Q 次の漢字の読みを（　）に書いて、反対語を下から選びましょう。

（答えは p.82）

例） 開店　（かいてん）⇔ [d]

① 入荷　（　　　）⇔ [　]　　② 個人　（　　　）⇔ [　]
③ 値下げ（　　　）⇔ [　]　　④ 支店　（　　　）⇔ [　]
⑤ 細い　（　　　）⇔ [　]　　⑥ 便利　（　　　）⇔ [　]
⑦ 大型　（　　　）⇔ [　]　　⑧ 心配　（　　　）⇔ [　]

| a 団体 | b 値上げ | c 太い | d 閉店 | e 出荷 |
| f 不便 | g 本店 | h 安心 | i 小型 | |

ミニ・レッスン

「パソコン」は「パーソナルコンピューター」の略ですが、短いことばは漢語にもあります。例えば「自動販売機」は「自販機」です。

A：「代引き」って何？
B：「代金引換」の短いことば。「エアーコンディショナー」が「エアコン」になるみたいな。「税込」って、何かわかる？
A：「ぜい・・こみ」、わかった！「税金込み」！

もっと勉強しましょう

漢字	画数	読み	熟語	意味	熟語	意味
細	11画	ほそ-い こま-かい	細い 細かい	fine, thin 細 가늘다 fine, small 零碎的 상세하다		
戸	4画	と	戸 戸だな	a door 门 문 a closet, a cupboard 橱柜 선반	雨戸 あまど	a sliding storm door 防雨板 (비바람을 막기 위한) 빈지문
湖	12画	コ みずうみ	びわ湖 湖	Lake Biwa 琵琶湖 ~호 a lake 湖 호수		
船	11画	セン ふね ふな	風船 船	a balloon 气球 풍선 a boat/ship 船 배	船長 せんちょう ❗船便 ふなびん	a captain 船长 선장 surface, sea mail 海运 배편
角	7画	カク かど	角度 四角い	an angle 角度 각도 square, four-cornered 四方的 네모지다	三角形 さんかくけい 角 かど	a triangle 三角形 삼각 a corner 角 모퉁이
夫	4画	フ フウ おっと	夫妻 夫婦	husband and wife 夫妻 부부 a married couple 夫妇 부부	夫 おっと	a husband 丈夫 남편
苦	8画	ク くる-しい にが-い	☞労 (p.115) 苦い	bitter 味苦 (맛이) 쓰다, 괴롭다	苦しい くる 苦手(な) にがて	distressful, trying 痛苦 괴롭다 a weak point (be bad (at)) 不擅长 서투(른)

Q どちらの読みが入りますか？

(答えは p.82)

① こまかい_a 細い糸 ほそい_b
② まい_a 日米 べい_b
③ ふね_a 船便 ふな_b
④ かく_a 四角 かど_b
⑤ ふ_a 夫婦 ふう_b
⑥ こ_a びわ湖 みずうみ_b
⑦ ゆう_a 左右 う_b
⑧ あま_a 雨戸 あめ_b
⑨ にがい_a 苦い くるしい_b
⑩ なか_a 半ば はん_b

---

p.77 の答え： Ⅰ－①b ②a ③a ④b ⑤b ⑥a
Ⅱ－⑦3 ⑧4 ⑨4 ⑩2　Ⅲ－⑪1 ⑫3 ⑬2 ⑭4

第4週 7日目 まとめの問題

Summary questions 综合问题 정리 문제

かう

制限時間：20分
1問4点×25問
答えは p.82
読みは別冊 p.6

問題1 ＿＿＿のことばの読み方として最もよいものを、1・2・3・4から一つえらびなさい。

1 合格の知らせによろこんだ。
　1　ごかく　　　2　あいきゃく　　　3　ごうかく　　　4　こうかく

2 代金は銀行から振り込みます。
　1　はりこみ　　2　おりこみ　　　3　ふりこみ　　　4　ほりこみ

3 田中と申します。
　1　もよおします　2　もおします　　3　まうします　　4　もうします

4 中級レベルの日本語の本をさがしています。
　1　ちゅうきゅう　2　ちょうきゅう　3　じょうきゅう　4　しょうきゅう

5 米国に留学する。
　1　まいこく　　2　めいこく　　　3　べいこく　　　4　みいこく

6 携帯電話は便利です。
　1　びんり　　　2　べんり　　　3　ばんり　　　4　べんに

7 品物が入荷したら、お知らせします。
　1　にゅうこう　2　にゅうに　　　3　にゅうこ　　　4　にゅうか

8 白い砂の上を歩きました。
　1　しお　　　　2　いし　　　　3　たね　　　　4　すな

9 紅茶にミルクを入れて飲む。
　1　こうさ　　　2　ほんちゃ　　　3　こうちゃ　　　4　きっさ

10 支社に書類を郵送する。
　1　ししゃ　　　2　ちしゃ　　　3　じしゃ　　　4　ぎしゃ

11 すみません、細かいお金がないんです。
　　1　ほそかい　　2　こまかい　　3　みじかい　　4　やわらかい

12 次の角を右へまがってください。
　　1　かく　　2　かど　　3　すみ　　4　つの

13 夫は人と話すのが苦手だ。
　　1　へた　　2　とくい　　3　じょうず　　4　にがて

14 雨や風がすごいから、雨戸を閉めましょうか。
　　1　あめど　　2　あみど　　3　あまど　　4　あむど

15 これはお知らせです。みんなに配ってください。
　　1　くばって　　2　こばって　　3　かばって　　4　はいって

問題2　＿＿＿のことばを漢字でかくとき、最もよいものを、1・2・3・4から一つえらびなさい。

16 バスの料金をはらう。
　　1　去う　　2　私う　　3　仏う　　4　払う

17 たくはいで送る。
　　1　配達　　2　宅配　　3　心配　　4　速達

18 子どもを両親にあずける。
　　1　届ける　　2　受ける　　3　預ける　　4　続ける

19 このへんはみどりが少ない。
　　1　縁　　2　録　　3　緑　　4　線

20 こうこくでセールを知る。
　　1　広告　　2　通知　　3　記事　　4　連絡

問題3 （　）に入れるのに最もよいものを、1・2・3・4から一つえらびなさい。

21 （　）休は旅行に行く予定だ。
　　1　連　　　　2　次　　　　3　来　　　　4　残

22 定（　）の半額以下で買った。
　　1　割　　　　2　値　　　　3　価　　　　4　達

23 消費（　）は何パーセントですか。
　　1　税　　　　2　性　　　　3　歳　　　　4　額

24 ＣＤを何（　）持っていますか。
　　1　冊　　　　2　枚　　　　3　本　　　　4　部

25 大（　）トラックが事故を起こした。
　　1　形　　　　2　倍　　　　3　型　　　　4　級

復習＋もっと（p.78～79）の答え：
[復習] ①にゅうか　e　②こじん　a　③ねさげ　b　④してん　g
　　　⑤ほそい　c　⑥べんり　f　⑦おおがた　i　⑧しんぱい　h

[もっと] ①b　②b　③b　④a　⑤b　⑥a　⑦a　⑧a　⑨a　⑩a

まとめの問題（p.80～82）の答え：
問題1　①3　②3　③4　④1　⑤3　⑥2　⑦4　⑧4　⑨3　⑩1
　　　⑪2　⑫2　⑬4　⑭3　⑮1
問題2　⑯4　⑰2　⑱3　⑲3　⑳1
問題3　㉑1　㉒3　㉓1　㉔2　㉕3

第5週

かく

Write
写
쓰다

第5週 1日目

かく
メールを送る
Sending E-mail (Texting)
发邮件
메일을 보내다

学習日 　月　日（　）

Q. ＿＿の読みは？
汗

これらは絵文字と言います。

おぼえましょう

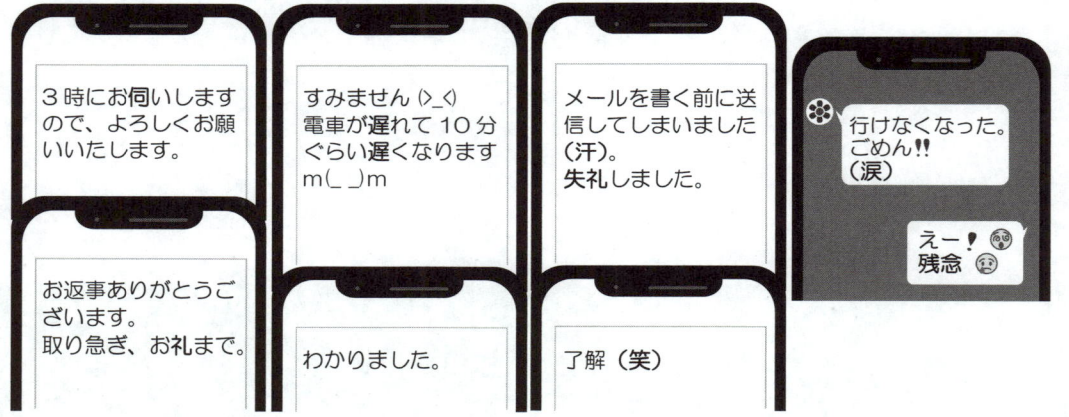

礼	5画 レイ	お礼(れい)	thanks　谢意、礼物　사례		
伺	7画 うかが-う	伺う(うかがう)	visit, ask (humble form) 拜访、打听、询问　여쭙다．묻다		
遅	12画 チ／おそ-い／おく-れる	遅刻(ちこく)	tardiness　迟到　지각		
		遅い(おそい)	slow　慢　느리다	遅れる(おくれる)	be late　晚、迟　늦다
失	5画 シツ	失礼(しつれい)(な)	rudeness　失礼　실례	失礼する(しつれい)	be excused　失礼　실례하다
		失敗(しっぱい)	failure, mistake　失败　실패．실수　⇔ 成功(せいこう)	☞ 成 (p.108)	
汗	6画 あせ	汗(あせ)	perspiration, sweat　汗　땀	汗をかく(あせ)	perspire, sweat　出汗　땀을 흘리다

漢字	画数	読み	語例	意味	語例	意味
念	8画	ネン	残念(な)	regret, disappointment 遺憾 유감	記念	commemoration 纪念 기념
涙	10画	なみだ	涙	tear(s) 泪 눈물		
			涙を流す	weep 流泪 눈물을 흘리다 ☞流(p.106)		
笑	10画	わら-う え-む	笑う	laugh, smile 笑 웃다	笑い	laughter 笑 웃음
			笑顔	smile, smiling face 笑脸 웃는 얼굴		

れんしゅう I 正しいほうに○をつけなさい。

① 遅刻：（a. 間に合う　b. 間に合わない）
② お礼：（a. ありがとう　b. ごめんなさい）という気持ち
③ 失敗：（a. うまくいく　b. うまくいかない）こと
④ （a. 涙　b. 汗）を かく。
⑤ 卒業式で（a. 記念　b. 記号）写真をとる。
⑥ お先に（a. 失礼です　b. 失礼します）。

れんしゅう II 正しい読みに○をつけなさい。

		1		2		3		4	
⑦	笑顔	1	ねがお	2	いがお	3	えがお	4	ほほえみ
⑧	伺う	1	いたがう	2	うかがう	3	いかがう	4	うたがう
⑨	残念	1	ざんねん	2	だんねん	3	ざんれん	4	だんれん
⑩	遅れる	1	ちそれる	2	おそれる	3	ちくれる	4	おくれる

れんしゅう III 正しい漢字に○をつけなさい。

		1		2		3		4	
⑪	わらう	1	習う	2	洗う	3	払う	4	笑う
⑫	おそい	1	伺い	2	笑い	3	遅い	4	失い
⑬	なみだ	1	混	2	汗	3	涙	4	湯
⑭	ちこく	1	遅刻	2	時刻	3	予告	4	広告

▶答えは p.87、読みは別冊 p.6

第5周：写／제5주：쓰다

第5週 2日目 かく

アンケート
A Questionnaire
问卷调查
앙케이트

学習日　月　日（　）

Q. ＿＿＿の読みは？
困難

おぼえましょう

アンケート調査

合っていると思うものに、○をつけてください。

Q. この問題集を、どこで知りましたか。
　　広告で　　学校で　　(書店で)　　その他(　　　)

Q. この問題集は難しいですか。
　　難しい　　(普通)　　簡単だ

この問題集に関する感想を自由に書いてください。

> 移動中の電車の中などで使っていますが、携帯するのに便利な大きさです。

漢字	画数	読み	語例	意味	語例	意味
調	15画	チョウ / しら-べる	調子（ちょうし）	a tone/way/manner/condition 状況 (몸) 상태	強調（きょうちょう）	emphasis, stress 强调 강조
			調べる（しらべる）	look up something, investigate 审查 조사하다		
査	9画	サ	調査（ちょうさ）	an investigation/inquiry 调查 조사		
移	11画	イ / うつ-る / うつ-す	移動（いどう）	movement, transfer 转移 이동		
			移る（うつる）	move, shift 移动 바뀌다	移す（うつす）	move/shift (something) 移 옮기다
難	18画	ナン / むずか-しい	困難(な)（こんなん）	difficult 困难 곤란	難問（なんもん）	a difficult problem 难题 난문
			難しい（むずかしい）	difficult, delicate 难办的 어렵다 ↔ 易しい（やさしい）	易(p.108)	
簡	18画	カン	簡単(な)（かんたん）	easy 简单 간단		
単	9画	タン	単語（たんご）	a word, vocabulary (items) 单词 단어	単位（たんい）	a unit/credit 学分 단위, 학점

感 13画 カン	感じる feel 感觉 느끼다	感動 inspiration 感动 감동
想 13画 ソウ	感想 impressions, thoughts 感想 감상	予想 anticipation, forecast 预想 예상

カタカナもおぼえよう！ チャレンジする(挑戦する) challenge 挑战 도전하다

れんしゅうⅠ　正しいほうに○をつけなさい。

① 調子：(a. ようす　b. ぐあい)
② 移動：(a. よく動く　b. 位置をかえる) こと
③ 読んだ本の (a. 感想　b. 予想) 文を 書く。
④ (a. 難問　b. 正門) に チャレンジする。
⑤ 重要なところを (a. 強調　b. 強力) する。
⑥ 卒業に必要な (a. 単語　b. 単位) を 取る。

れんしゅうⅡ　正しい読みに○をつけなさい。

⑦ 調べる　　1 くらべる　2 しらべる　3 えらべる　4 ちらべる
⑧ 調査　　　1 しんさ　　2 ちゅうさ　3 けんさ　　4 ちょうさ
⑨ 困難　　　1 かんなん　2 くんなん　3 こんなん　4 くなん
⑩ 予想　　　1 よこく　　2 よしょう　3 よしん　　4 よそう

れんしゅうⅢ　正しい漢字に○をつけなさい。

⑪ かんたん　　1 問単　2 簡単　3 聞単　4 開単
⑫ むずかしい　1 離しい　2 勤しい　3 雑しい　4 難しい
⑬ うつす　　　1 移す　2 差す　3 消す　4 渡す
⑭ かんじる　　1 演じる　2 感じる　3 混じる　4 動じる

▶答えは p.89、読みは別冊 p.6

---

p.85 の答え： Ⅰ－①b　②a　③b　④b　⑤a　⑥b
　　　　　　 Ⅱ－⑦3　⑧2　⑨1　⑩4　　Ⅲ－⑪4　⑫3　⑬3　⑭1

こんなん

第5週 3日目

かく

日本語クラス
にほんご

A Japanese Class
日语班
일본어 클래스

学習日　　月　　日（　）

Q. ＿＿＿の読みは？
下線部

 おりせんぶ
 しだせんぶ
 げせんぶ
 かせんぶ

おぼえましょう

練習問題

（1）最も適当なものを選んで、（　）に記号を書き入れなさい。

おいしいかどうか（　　）みる。
　ア．たべ　イ．たべる　ウ．たべて　エ．たべた

（2）次の下線部の間違いを直しなさい。

Vてみる
辞書を引こう
予習・復習をしよう
宿題です。

漢字	画数	読み	語例	意味		語例	意味	
練	14画	レン	練習 れんしゅう	practice, training 练习 연습				
最	12画	サイ／もっと-も	最近 さいきん／最後 さいご	recently 最近 최근／the last/end 最后 최후		最初 さいしょ／最も もっとも	the first/beginning 最初 최초／most 最 가장	☞ 初(p.97)
適	14画	テキ	適当(な) てきとう	appropriate, reasonable 适当 적당		快適(な) かいてき	comfortable 舒适 쾌적(한)	
選	15画	セン／えら-ぶ	選挙 せんきょ／選ぶ えらぶ	an election 选举 선거／choose 选择 선택하다		選手 せんしゅ	a player, an athlete 选手 선수	
違	13画	ちが-う／ちが-える	違う ちがう／間違い まちがい	different, wrong 不同 틀리다／a mistake 错误 틀림, 실수		間違う まちがう／間違える まちがえる	make a mistake 弄错 잘못하다	
直	8画	チョク／なお-る／なお-す	直線 ちょくせん／直る なおる	a straight line 直线 직선／be repaired 改正 고쳐지다		直接 ちょくせつ ⇔ 間接 かんせつ／直す なおす	direct(ly) 直接 직접／indirect(ly) 间接 간접／fix 修改 고치다	

漢字	画数	読み	熟語	意味
復	12画	フク	復習 ふくしゅう	a review 复习 복습
			回復 かいふく	recovery, recuperation 恢复 회복
			往復 おうふく	a round trip 往返、来回 왕복
辞	13画	ジ / や-める	辞書 じしょ	a dictionary 词典 사전
			辞める やめる	resign, retire 辞职 사임하다, 그만두다
宿	11画	シュク / やど	宿題 しゅくだい	a homework 课外作业 숙제
			宿 やど	an inn, a hotel 宿舍 숙소
			下宿 げしゅく	lodgings 出租的房子 하숙

れんしゅう I 正しいほうに○をつけなさい。

① 直線：(a. まっすぐな　b. まがった) 線
② 復習：(a. 習っていないこと　b. 習ったこと) を 勉強すること
③ 最近：(a. このごろ　b. 近い場所)
④ 回復：天気や病気などが (a. よくなる　b. また悪くなる) こと
⑤ (a. 選手　b. 選挙) で 新しい市長を選ぶ。
⑥ 知り合いの家に (a. 下宿　b. 宿題) する。

れんしゅう II 正しい読みに○をつけなさい。

		1	2	3	4
⑦	宿	いど	まど	かど	やど
⑧	最も	もっとも	さいも	まっとも	とても
⑨	選ぶ	あそぶ	とぶ	えらぶ	よぶ
⑩	往復	しゅふく	じゅうふく	おうふく	ちょうふく

れんしゅう III 正しい漢字に○をつけなさい。

		1	2	3	4
⑪	まちがえる	聞違える	間違える	寝違える	見違える
⑫	やめる	留める	勤める	停める	辞める
⑬	なおる	配る	直る	割る	凍る
⑭	れんしゅう	練習	予習	学習	復習

▶答えは p.91、読みは別冊 p.6

p.87 の答え：I — ①b　②b　③a　④a　⑤a　⑥b
II — ⑦2　⑧4　⑨3　⑩4　　III — ⑪2　⑫4　⑬1　⑭2

かせんぶ

第5周：写／제5주：쓰다

第5週 4日目

かく

作文 A Composition
さくぶん / 作文 / 작문

学習日　月　日（　）

Q. ＿＿＿の読みは？
お祝い

 おいわい
 おにあい
 おのろい
 おそろい

おぼえましょう

昨日は友達の田中君の結婚式でした。ぼくはお祝いのスピーチをして、歌を一曲歌いました。奥さんになる人はとてもきれいでした。とても楽しかったので、夜、なかなか寝られませんでした。

昨 9画　サク
- 昨日（さくじつ）yesterday　昨天　어제
- 昨日（きのう）
- 昨夜（さくや）last night　昨天晚上　어젯밤
- 昨年（さくねん）last year　去年　작년

君 7画　クン／きみ
- ○○君（くん）honorific appended to names of males younger than oneself　接在同辈或晚辈的姓名后表示敬意　○○군
- 君（きみ）you　你　너

結 12画　ケツ／むす-ぶ
- 結構（な）（けっこう）splendid, nice　很好　꽤, 제법
- 結局（けっきょく）after all　最终　결국
- 「いいえ、結構です」（けっこう）No, thank you.　不, 不用了.　아니요, 괜찮습니다.
- 結ぶ（むす）tie, connect, conclude　系, 连结, 建立关系　매다, 묶다

婚 11画　コン
- 結婚（けっこん）a marriage　結婚　결혼
- 婚約（こんやく）an engagement　婚约　약혼
- 新婚旅行（しんこんりょこう）a honeymoon　蜜月旅行　신혼 여행

祝 9画　シュク／いわ-う
- 祝日（しゅくじつ）a (national) holiday, festival day　(政府规定的)节日　경축일
- 祝う（いわう）celebrate, congratulate　庆祝　축하하다
- お祝い（いわい）celebration, congratulation　祝贺　축하

曲 6画　キョク／ま-がる／ま-げる
- 曲（きょく）a piece of music　(音)歌曲　곡
- 曲がる（ま）bend, turn a corner　弯曲　구부러지다
- 曲線（きょくせん）a curved line　曲线　곡선
- 曲げる（ま）bend, twist ...　弄弯　구부리다

Week5：Write

| 奥 | 12画 おく | 奥さん | another person's wife 太太 부인 | 奥 | inner recesses 内部 깊숙한 안쪽 |
| 寝 | 13画 ね-る | 寝る / 昼寝 | sleep 睡觉 자다 / a nap 午睡 낮잠 | 寝坊 | late riser, sleepyhead 早上赖床 늦잠 |

れんしゅう I 正しいほうに○をつけなさい。

① 寝坊：（a. 寝ている赤ちゃん　b. 起きる時間に起きないこと）
② 婚約：（a. 結婚の約束　b. 結婚式場の予約）
③ この（a. 曲　b. 局）を聞くと国を思い出す。
④ 使わないものを押し入れの（a. 込　b. 奥）にしまう。
⑤ つぎの信号を右に（a. 曲げて　b. 曲がって）ください。
⑥ 行くかどうかまよったが、（a. 結局　b. 結構）行かなかった。

れんしゅう II 正しい読みに○をつけなさい。

⑦ 昨夜　　1 さくばん　2 さくよ　　3 さくじつ　4 さくや
⑧ 昼寝　　1 うたたね　2 あさね　　3 ひるね　　4 よるね
⑨ 結婚　　1 けっこん　2 けこん　　3 けっかん　4 けんこん
⑩ 昨日　　1 きょう　　2 きのう　　3 きょねん　4 おととい

れんしゅう III 正しい漢字に○をつけなさい。

⑪ きみ　　　1 君　　　2 式　　　　3 友　　　　4 婦
⑫ おくさん　1 姉さん　2 妻さん　　3 夫さん　　4 奥さん
⑬ むすぶ　　1 練ぶ　　2 婚ぶ　　　3 結ぶ　　　4 笑ぶ
⑭ おいわい　1 お使い　2 お見舞い　3 お祝い　　4 お手洗い

▶答えは p.93、読みは別冊 p.6

---

p.89の答え：I－①a　②b　③a　④a　⑤b　⑥a
II－⑦4　⑧1　⑨3　⑩3　III－⑪2　⑫4　⑬2　⑭1

おいわい

第5週 5日目

かく

問診票－歯科で
もんしんひょう　しか

Dental Examination Sheet
问诊调查表—牙科
문진표—치과에서

学習日　　月　　日（　）

Q. ＿＿＿の読みは？
虫歯

むちば　むしば　むしは

痛いよ〜！

ちゃんと歯をみがかなくちゃ！

おぼえましょう

どうしましたか？
□痛い
□熱いものや冷たいものがしみる
□虫歯を治したい
□クリーニング（歯についた汚れをとりたい）
□ホワイトニング（歯を白くしたい）
□歯並びをよくしたい
□その他、気になること ＿＿＿＿＿＿＿＿＿＿

漢字	画数	読み	例	意味	例	意味
痛	12画	ツウ / いた-い	頭痛（ずつう）	a headache 头痛 두통	腹痛（ふくつう）	a stomachache 腹痛 복통
			痛い（いた）	sore, painful 痛 아프다		
熱	15画	ネツ / あつ-い	熱（ねつ）	heat, fever 热 열	熱心（ねっしん）（な）	enthusiastic, zealous 热心 열심
			熱い（あつ）	hot 热 뜨겁다		
虫	6画	むし	虫（むし）	an insect 虫 벌레		
歯	12画	シ / は	歯科（しか）	dentistry 牙科 치과	歯（は）	teeth 牙齿 치아, 이
			歯医者（はいしゃ）	a dentist 牙医 치과 의사	虫歯（むしば）	a decayed tooth 蛀牙 충치
治	8画	ジ / チ / なお-る / なお-す	政治（せいじ）	politics, government 政治 정치 ☞政(p.112)	治療（ちりょう）	a treatment 治疗 치료
			治る（なお）	heal (up), be cured 痊愈 낫다	治す（なお）	cure 治疗 치료하다
汚	6画	きたな-い / よご-れる	汚い（きたな）	dirty 肮脏 더럽다		
			汚れる（よご）	become dirty 脏 더러워지다		

漢字	画数	読み	例		例	
並	8画	なら-ぶ / なら-べる	並ぶ / 歯並び	stand in a line 排列 줄을 서다 / the alignment of your teeth 牙齒排列 치열	並べる	line up, set up 排列 줄지어 놓다
他	5画	タ / ほか	他の	other 其他的 다른	その他	besides, the others 其它 그 외

れんしゅう I 正しいほうに○をつけなさい。

① 腹痛：(a. あたま　b. おなか) が痛いこと
② (a. 汚れ　b. 汚い) をとる。
③ 店の前に品物を (a. 並ぶ　b. 並べる)。
④ (a. 熱心　b. 関心) に 勉強する。
⑤ 間違えた字を (a. 直す　b. 治す)。
⑥ (a. 暑い　b. 熱い) お茶

れんしゅう II 正しい読みに○をつけなさい。

⑦ 熱	1 れつ	2 ねつ	3 なつ	4 らつ
⑧ 歯科	1 はか	2 いか	3 しか	4 ちか
⑨ 汚れる	1 おごれる	2 おれる	3 きたれる	4 よごれる
⑩ 熱い	1 ねつい	2 なつい	3 あつい	4 れつい

れんしゅう III 正しい漢字に○をつけなさい。

⑪ むし	1 史	2 虫	3 戸	4 申
⑫ ならべる	1 並べる	2 調べる	3 飛べる	4 呼べる
⑬ た	1 外	2 地	3 池	4 他
⑭ きたない	1 汚い	2 痛い	3 清い	4 厚い

▶ 答えは p.95、読みは別冊 p.7

---

p.91の答え：I − ①b　②a　③a　④b　⑤b　⑥a
　　　　　　II − ⑦4　⑧3　⑨1　⑩2　　III − ⑪1　⑫4　⑬3　⑭3

むしば

第5週 6日目

かく

問診票－健康診断
もんしんひょう　けんこうしんだん

Interview Sheet–Medical Checkup　问诊调查表－调查诊断　문진표－건강진단

学習日　月　日（　）

Q. ＿＿＿の読みは？
呼吸

おぼえましょう

問診票
もんしんひょう

身長＿＿＿cm　体重＿＿＿kg
お酒を　□飲む（1日に＿＿＿＿＿ぐらい）　□飲まない
タバコを　□吸う（1日に＿＿本ぐらい）　□吸わない
□食欲がない
□眠れない
□疲れやすい
□息切れがしたり、呼吸が困難になることがある

漢字	画数	読み	熟語	意味	熟語	意味
身	7画	シン / み	身長（しんちょう）/ 身分（みぶん）	height 身高 신장 / social status 身份 신분	独身（どくしん）(の) / 刺身（さしみ）	single, unmarried 单身 독신 / sashimi (sliced raw fish) 生鱼片 생선회
酒	10画	シュ / さけ / さか	日本酒（にほんしゅ）/ お酒（さけ）	sake 日本酒 일본술（보통 청주）/ alcohol, liquor 酒 술	料理酒（りょうりしゅ）/ ❶ 酒屋（さかや）	cooking sake 料酒 요리주 / a liquor store 酒店 술집
吸	6画	キュウ / す-う	呼吸（こきゅう）/ 吸う（すう）	breathing, respiration 呼吸 호흡 / breathe, inhale 吸, 吸收, 吸入 피다		
欲	11画	ヨク / ほ-しい	食欲（しょくよく）/ 欲しい（ほしい）	appetite 食欲 식욕 / want 想要 갖고 싶다	意欲（いよく）	a will, eagerness, motivation 意欲 의욕
眠	10画	ミン / ねむ-い / ねむ-る	睡眠（すいみん）/ 眠い（ねむい）	a sleep 睡眠 수면 / sleepy 有睡意 졸리다	眠る（ねむる）	sleep 睡觉 잠들다
疲	10画	つか-れる	疲れる（つかれる）	get tired, become exhausted 疲劳 지치다		

息	10画 いき	息(いき)	a breath 气息 숨, 호흡	息切れ(いきぎれ)	shortness of breath 气喘 숨이 참
		息子(むすこ)	a son 儿子、男孩 아들		
呼	8画 コ よ-ぶ	呼吸(こきゅう)	breathing, respiration 呼吸 호흡		
		呼(よ)ぶ	call 叫唤 부르다, 초대하다		

れんしゅう I 正しいほうに○をつけなさい。

① 意欲：(a. 生意気　b. やる気)
② 呼吸：(a. 息をする　b. 息が切れる) こと
③ 息子：(a. 男　b. 女) のこども
④ 独身：(a. 結婚している　b. 結婚していない)
⑤ 睡眠：(a. 寝る　b. 眠れない) こと
⑥ 身長：(a. 体の重さ　b. せの高さ)

れんしゅう II 正しい読みに○をつけなさい。

⑦ 息子　　1　むすこ　　2　むすめ　　3　おい　　4　めい
⑧ 酒屋　　1　さかば　　2　さけや　　3　さかや　　4　さけてん
⑨ 身分　　1　みわけ　　2　しんぶん　3　みぶん　　4　しんわけ
⑩ 欲しい　1　おしい　　2　ほしい　　3　はしい　　4　よくしい

れんしゅう III 正しい漢字に○をつけなさい。

⑪ さしみ　　1　鮮魚　　2　生魚　　3　刺身　　4　赤身
⑫ つかれる　1　療れる　2　病れる　3　痛れる　4　疲れる
⑬ ねむい　　1　眠い　　2　寝い　　3　睡い　　4　服い
⑭ いき　　　1　呼　　　2　鼻　　　3　吸　　　4　息

▶ 答えは p.97、読みは別冊 p.7

---

p.93の答え： I ― ①b　②a　③b　④a　⑤a　⑥b
　　　　　　II ― ⑦2　⑧3　⑨4　⑩3　　III ― ⑪2　⑫1　⑬4　⑭1

こきゅう

第5週 7日目 かく

復習 + もっと
Review quiz + more
复习 + 更加
복습 + 더

復習しましょう

Q 次の漢字の読みを（　　）に書いて、反対語を下から選びましょう。

(答えはp.100)

例) 暑い（あつい）⇔ [d]

① 同じ　（　　）⇔ [　] ② 寝る　（　　）⇔ [　]
③ 熱い　（　　）⇔ [　] ④ 最初　（　　）⇔ [　]
⑤ 速い　（　　）⇔ [　] ⑥ 復習　（　　）⇔ [　]
⑦ 昨日　（　　）⇔ [　] ⑧ 間接　（　　）⇔ [　]

| a 遅い | b 予習 | c 最後 | ~~d 寒い~~ | e 明日 |
| f 冷たい | g 直接 | h 起きる | i 違う | |

ミニ・レッスン

漢字を勉強すると、漢字のことばがどんどん増えます。
漢字は「最強」で「最高」なのです！

A：「最」という漢字を習ったよ。「最初」「最後」「最近」。
B：「いちばん」という意味ね。じゃ、いちばん・・高い、低い、大きい、小さい、新しい、古い、長い、短い・・は？
A：最高、最低、最大、最小、最新、最古、最長、最短！

もっと 勉強しましょう

漢字	画数	読み	語例	意味	語例	意味
厚	9画	あつ-い	厚い	thick 厚 두껍다		
泣	8画	な-く	泣く	cry, weep 哭 울다		
鳴	14画	な-く / な-る	鳴く	chirp, croak, bleat (etc.) 啼叫 （새・벌레・짐승 등이）울다	鳴る	ring, chime 鸣 소리가 나다, 널리 알려지다
初	7画	ショ / はじ-め / はじ-めて	最初 / 初め	the first/beginning 最初 최초 / the beginning 最初 처음	初級 / 初めて	beginning level 初级 초급 / for the first time 初次 （경험상）처음으로
泊	8画	ハク / と-まる / と-める	宿泊 / 泊まる	lodging 住宿 숙박 / stay 投宿 묵다, 머물다	泊める	lodge (someone) 住宿 재우다
葉	12画	ヨウ / は	紅葉 / 葉	autumn leaves 红叶, 枫叶 단풍 / a leaf 叶 잎	言葉	word, language 语言 말

☞ 変(p.111)

Q どちらを使いますか？　　　　　　　　　　　　　（答えはp.100）

例	朝はやい（b）	a. 速い
	はやい車（a）	b. 早い

① 色がかわる（ ）　a. 変わる
　運転をかわる（ ）　b. 代わる

② あついお茶（ ）　a. 暑い
　あつい本（ ）　b. 熱い
　夏はあつい（ ）　c. 厚い

③ 子どもがなく（ ）　a. 泣く
　鳥がなく（ ）　b. 鳴く

④ はじめまして（ ）　a. 始め
　はじめよう（ ）　b. 初め

⑤ ケガをなおす（ ）　a. 治す
　間違いをなおす（ ）　b. 直す

⑥ ホテルにとまる（ ）　a. 泊まる
　車がとまる（ ）　b. 止まる

⑦ はをみがく（ ）　a. 歯
　木のは（ ）　b. 葉

---

p.95の答え： Ⅰ－①b　②a　③a　④b　⑤a　⑥b
　　　　　　Ⅱ－⑦1　⑧3　⑨3　⑩2　Ⅲ－⑪3　⑫4　⑬1　⑭4

第5週 7日目 かく

まとめの問題
Summary questions 综合问题 정리 문제

制限時間：20分
1問4点×25問
答えは p.100
読みは別冊 p.7

点数 ／100

問題1 ＿＿＿のことばの読み方として最もよいものを、1・2・3・4から一つえらびなさい。

1 結婚式に出られなくて<u>残念</u>です。
　　1 だんねん　　2 きねん　　3 ざんねん　　4 むねん

2 写真をとりますよ。<u>笑って</u>。
　　1 あらって　　2 いわって　　3 はらって　　4 わらって

3 車をあちらに<u>移動</u>させてください。
　　1 じどう　　2 ほどう　　3 いどう　　4 たどう

4 お返事が<u>遅れて</u>、すみません。
　　1 おくれて　　2 おそれて　　3 あきれて　　4 つかれて

5 山田君は会社を<u>辞めた</u>そうです。
　　1 なめた　　2 とめた　　3 ほめた　　4 やめた

6 くつのひもを<u>結ぶ</u>。
　　1 むすぶ　　2 もすぶ　　3 みすぶ　　4 ゆすぶ

7 おじいさんは山の<u>奥</u>に住んでいます。
　　1 そく　　2 ろく　　3 おく　　4 まく

8 <u>政治</u>の話は難しい。
　　1 せいじ　　2 せいち　　3 しょうち　　4 しょうじ

9 <u>息子</u>から手紙が来た。
　　1 むつこ　　2 もすこ　　3 むすこ　　4 もつこ

10 <u>日本酒</u>は米からできています。
　　1 にほんちょ　　2 にほんちゅ　　3 にほんじゅ　　4 にほんしゅ

[11] 京都の旅館に泊まる。
　　1　はまる　　2　たまる　　3　とまる　　4　そまる

[12] 息を大きく吸って…止めてください。
　　1　ふって　　2　すって　　3　そって　　4　しって

[13] あの人は笑顔がすてきですね。
　　1　えがお　　2　いがお　　3　ねがお　　4　すがお

[14] 木の葉が緑色から黄色に変わった。
　　1　ば　　2　ね　　3　め　　4　は

[15] この中から最も適当なものを選びなさい。
　　1　むっとも　　2　まっとも　　3　もっとも　　4　さいも

問題2　＿＿＿＿のことばを漢字でかくとき、最もよいものを、1・2・3・4から一つえらびなさい。

[16] おれいのはがきを書いた。
　　1　お礼　　2　お札　　3　お机　　4　お杯

[17] いつうかがえばよろしいでしょうか。
　　1　司えば　　2　伺えば　　3　何えば　　4　向えば

[18] ことばの意味をしらべる。
　　1　呼べる　　2　並べる　　3　選べる　　4　調べる

[19] タオルであせをふく。
　　1　息　　2　汗　　3　涙　　4　汁

[20] ずつうやくを買う。
　　1　頭病薬　　2　頭痛薬　　3　頭治薬　　4　頭復薬

問題3 （　）に入れるのに最もよいものを、1・2・3・4から一つえらびなさい。

21 まず（　）初に材料を細かく切ります。
　　1 再　　　2 先　　　3 際　　　4 最

22 天気は回（　）に向かっています。
　　1 服　　　2 復　　　3 福　　　4 腹

23 （　）年はたいへんお世話になりました。
　　1 次　　　2 毎　　　3 各　　　4 昨

24 会社へ戻らずに（　）接、帰宅します。
　　1 直　　　2 間　　　3 真　　　4 正

25 食（　）がない。
　　1 色　　　2 浴　　　3 気　　　4 欲

復習＋もっと（p.96～97）の答え：
[復習] ①おなじ　i　②ねる　h　③あつい　f　④さいしょ　c
　　　⑤はやい　a　⑥ふくしゅう　b　⑦きのう　e　⑧かんせつ　g

[もっと] ①a、b　②b、c、a　③a、b　④b、a　⑤a、b　⑥a、b　⑦a、b

まとめの問題（p.98～100）の答え：
問題1　[1]3　[2]4　[3]3　[4]1　[5]4　[6]1　[7]3　[8]1　[9]3　[10]4
　　　　[11]3　[12]2　[13]1　[14]4　[15]3
問題2　[16]1　[17]2　[18]4　[19]2　[20]2
問題3　[21]4　[22]2　[23]4　[24]1　[25]4

第6週

よむ

Read
读
읽다

第6週 1日目

よむ

天気予報
てんきよほう

The Weather Forecast
天气预报
일기예보

学習日　　月　　日（　）

Q. ＿＿の読みは？
暖かい

あかたかい
あだかい
あたたかい
あだだかい

おぼえましょう

明日、県内はたいていのところで晴れますが、
北部では雲が広がり、雨が降るところもあるでしょう。
強い風が吹きますが、気温は今日と同じぐらいで
暖かい一日となるでしょう。

| 晴れ | くもり | 雨 | 雪 |

9時5分ごろ、東北地方で強い地震がありました。津波の心配はありません。

報 12画　ホウ
　予報(よほう)　a forecast　预报　예보
　報告(ほうこく)　a report　报告　보고

晴 12画　は-れる
　晴(は)れる　be sunny　晴　날씨가 개다
　晴(は)れ　fine weather　晴天　맑게 갠 하늘

雲 12画　くも
　雲(くも)　clouds　云　구름

吹 7画　ふ-く
　吹(ふ)く　blow　吹　불다

暖 13画　ダン／あたた-かい
　暖房(だんぼう)　a heater　暖气　난방
　暖(あたた)かい　warm　暖和的　따뜻하다

雪 11画　ゆき
　雪(ゆき)　snow, a snowfall　雪　눈

102　Week6：Read

| 震 | 15画 シン | 地震 じしん | an earthquake 地震 지진 | 震度 しんど | seismic intensity 震级 진도 |

| 波 | 8画 ハ なみ | 電波 でんぱ | a radio wave 电波 전파 | | |
| | | 波 なみ | a wave 波 파도 | 津波 つなみ | tsunami 海啸 해일 |

カタカナもおぼえよう!
ヒーター（暖房 だんぼう）heater 暖气 난방　　クーラー（冷房 れいぼう）air conditioner, cooler 冷气 냉방
レポート（報告 ほうこく）report 报告 보고　　ポスター poster 招贴 포스터

れんしゅう I 正しいほうに○をつけなさい。

① 暖房：（a. ヒーター　b. クーラー）
② 震度：地震の（a. 深さ　b. 強さ）
③ 報告：（a. レポート　b. ポスター）
④ 風が（a. 付く　b. 吹く）。
⑤ 天気（a. 予報　b. 予定）
⑥ （a. 雲　b. 雪）が 降る。

れんしゅう II 正しい読みに○をつけなさい。

⑦ 波	1 あみ	2 なみ	3 まみ	4 のみ
⑧ 雲	1 しも	2 ゆき	3 くも	4 ひょう
⑨ 吹く	1 つく	2 すく	3 ふく	4 ひく
⑩ 地震	1 ちしん	2 じちん	3 しじん	4 じしん

れんしゅう III 正しい漢字に○をつけなさい。

⑪ でんぱ	1 電波	2 電飛	3 電報	4 電流
⑫ はれる	1 情れる	2 清れる	3 晴れる	4 精れる
⑬ あたたかい	1 緩かい	2 援かい	3 媛かい	4 暖かい
⑭ ほうこく	1 報告	2 広告	3 申告	4 警告

▶答えは p.105、読みは別冊 p.7

あたたかい

第6週 2日目

よむ

求人広告（きゅうじんこうこく）
A Help-Wanted Ad
招聘广告
구인광고

学習日　　月　　日（　）

Q. ＿＿＿の読みは？
職種

しょくちゅ
しょくしゅ
しきちゅ
しきしゅ

おぼえましょう

募集

職種・内容：技術者（ソフトウェアの開発）　　3名
　　　　　　一般事務員　　　　　　　　　　　2名

連　絡　先：ABC社 人事部人事課
　　　　　　Tel. 03-XXXX-XXXX

漢字	画数	読み	熟語		熟語	
求	7画	キュウ / もと-める	要求（ようきゅう）	a demand, request　要求　요구	求人（きゅうじん）	'Help Wanted'　招聘人員　구인
			請求書（せいきゅうしょ）	a bill, invoice　账单　청구서	求める（もとめる）	demand, request　要求　구하다
募	12画	ボ	募集（ぼしゅう）	recruitment　招募　모집		
職	18画	ショク	職場（しょくば）	a workplace　职场　직장	職業（しょくぎょう）	an occupation, profession　职业　직업
			転職（てんしょく）	a change of job　换工作　전직	職員（しょくいん）	employees　职员　직원
容	10画	ヨウ	美容院（びよういん）	a hairdresser's　美容院　미용원	内容（ないよう）	contents, substance　内容　내용
技	7画	ギ	技術（ぎじゅつ）	technique, technology　技术　기술	技術者（ぎじゅつしゃ）	a technician　技术者　기술자 an engineer
般	10画	ハン	一般（いっぱん）	the general/average　一般　일반	一般に（いっぱんに）	in general　普通　일반적으로

漢字	画数	音	例			
務	11画	ム	事務（じむ） office work 事务 사무		公務員（こうむいん） a civil servant, government employee 公务员 공무원	
			事務所（じむしょ） an office 办公室 사무소		税務署（ぜいむしょ） tax office 税务局 세무서	
課	15画	カ	第1課（だい1か） Lesson one 第1课 제1과		課長（かちょう） a section chief 科长 과장	

カタカナもおぼえよう！

アーティスト（芸術家／げいじゅつか）an artist 艺术家 예술가　　エンジニア（技術者／ぎじゅつしゃ）an engineer 技术者 기술자
オフィス（事務所／じむしょ）an office 办公室 사무소　　インフォメーション（案内／あんない）information desk 问讯处 안내소

れんしゅう I 正しいほうに○をつけなさい。

① 技術者：(a. アーティスト　b. エンジニア)
② 転職：(a. 仕事を変える　b. 会社をやめる) こと
③ 請求書：代金を (a. 払う前　b. 払った後) にもらうもの
④ 事務所：(a. オフィス　b. インフォメーション)
⑤ やる気のある人を (a. 求めて　b. 願って) います。
⑥ 彼とは (a. 職業　b. 職場) で 知り合いました。

れんしゅう II 正しい読みに○をつけなさい。

⑦ 要求　　1 そうきゅう　2 せいきゅう　3 しょうきゅう　4 ようきゅう
⑧ 求める　1 まとめる　　2 もとめる　　3 みとめる　　　4 むとめる
⑨ 税務署　1 ぜいむしょ　2 じょうむしょ　3 ぞうむしょ　4 ざいむしょ
⑩ 求人　　1 ゆうじん　　2 きょうじん　3 ようじん　　4 きゅうじん

れんしゅう III 正しい漢字に○をつけなさい。

⑪ かちょう　　1 社長　　2 部長　　3 課長　　4 会長
⑫ びょういん　1 理容院　2 病院　　3 美容院　4 両院
⑬ ないよう　　1 代用　　2 必要　　3 無用　　4 内容
⑭ いっぱん　　1 一般　　2 一般　　3 一投　　4 一沿

▶答えは p.107、読みは別冊 p.7

p.103の答え：I— ①a ②b ③a ④b ⑤a ⑥b
　　　　　　II— ⑦2 ⑧3 ⑨3 ⑩4　　III— ⑪1 ⑫3 ⑬4 ⑭1

しょくしゅ

第6週 3日目 よむ

スポーツ記事
A Sports Article / 体育报道 / 스포츠기사

学習日　月　日（　）

Q. ＿＿＿の読みは？
野球大会

やきゅうたいかい
やくうだいかい
やきゅうだいかい
やくうたいかい

おぼえましょう

少年野球大会　ファルコンズ優勝！

少年野球大会の決勝は5対3でファルコンズが勝った。勝ったファルコンズの選手たちは初優勝に喜び（よろこ）の涙を流した。

負けたウィングス山下投手の話
「今回の結果は残念でしたが、また今度、がんばります。」

漢字	画数	読み	例	意味
球	11画	キュウ	地球（ちきゅう）	the earth　地球　지구
			電球（でんきゅう）	a light bulb　灯泡　전구
			野球（やきゅう）	baseball　棒球　야구
決	7画	ケツ / き-める / き-まる	決して（けっ-して）	by no means　決(不)　결코
			決める（き-める）	decide (something)　做決定　정하다
			決定（けってい）	a decision　決定　결정
			決まる（き-まる）	be decided　決定　정해지다
勝	12画	ショウ / か-つ	優勝（ゆうしょう）	a victory, championship　优胜　우승
			勝つ（か-つ）	win　胜　이기다
			決勝（けっしょう）	the finals　決賽　결승
対	7画	タイ	1対2（たい）	(a score of) one to two　1比2　1대2
			反対（はんたい）	the opposite　反対　반대　☞反(p.115)
流	10画	なが-れる / なが-す	流れる（なが-れる）	flow　流　흐르다
			流す（なが-す）	let (water, etc.) flow　使……流动　흘려 버리다
負	9画	フ / ま-ける	勝負（しょうぶ）	a match/contest/game　胜负　승부
			負ける（ま-ける）	lose　输　패배하다

投	7画 トウ な-げる	投手（とうしゅ）	(baseball) pitcher 投手 투수
		投げる（な）	throw 投 던지다
果	8画 カ	結果（けっか）	a result 結果 결과
		果物（くだもの）	fruit 水果 과일

カタカナもおぼえよう！
ピッチャー（投手/とうしゅ） (baseball) pitcher 投手 투수
バッター（打者/だしゃ） (baseball) batter 击球员 타자

れんしゅう I　正しいほうに○をつけなさい。

① 投手：（a. ピッチャー　b. バッター）
② 家族は留学に（a. 反対　b. 禁止）した。
③ （a. 野球　b. 電球）を新しいのと交換する。
④ 涙を（a. 流す　b. 流れる）。
⑤ お世話になったことは（a. 決して　b. 失して）忘れません。
⑥ 試合は（a. 3比3　b. 3対3）の同点だ。

れんしゅう II　正しい読みに○をつけなさい。

⑦ 地球	1 ちきょう	2 じきゅう	3 ちきゅう	4 ちっくう
⑧ 反対	1 はんたい	2 はんだい	3 はんてい	4 はんでい
⑨ 投げる	1 まげる	2 なげる	3 にげる	4 もげる
⑩ 勝つ	1 うつ	2 たつ	3 かつ	4 けつ

れんしゅう III　正しい漢字に○をつけなさい。

⑪ ゆうしょう	1 先勝	2 決勝	3 全勝	4 優勝
⑫ けっか	1 結束	2 経過	3 結果	4 結構
⑬ くだもの	1 果物	2 果実	3 子供	4 荷物
⑭ まける	1 預ける	2 化ける	3 向ける	4 負ける

▶答えはp.109、読みは別冊p.7

p.105の答え：I－①b　②a　③a　④a　⑤a　⑥b
II－⑦4　⑧2　⑨1　⑩4　　III－⑪3　⑫3　⑬4　⑭2

やきゅうたいかい

第6週 4日目 よむ

経済（けいざい） The Economy

Q. ＿＿の読みは？ 易しい

 えきしい  やさしい  やすしい  いきしい

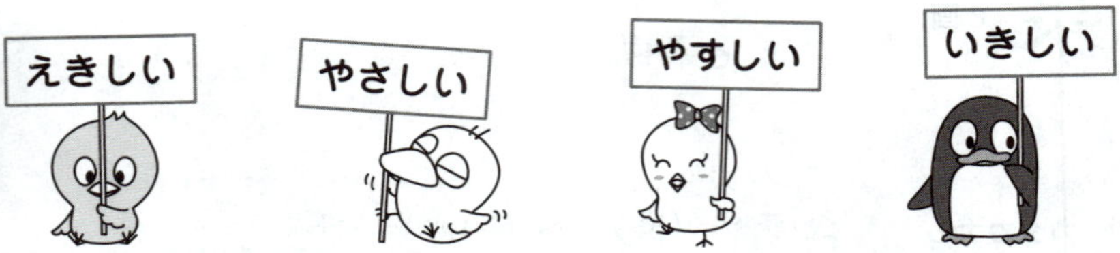

おぼえましょう

戦後日本の経済成長（実質GDP）

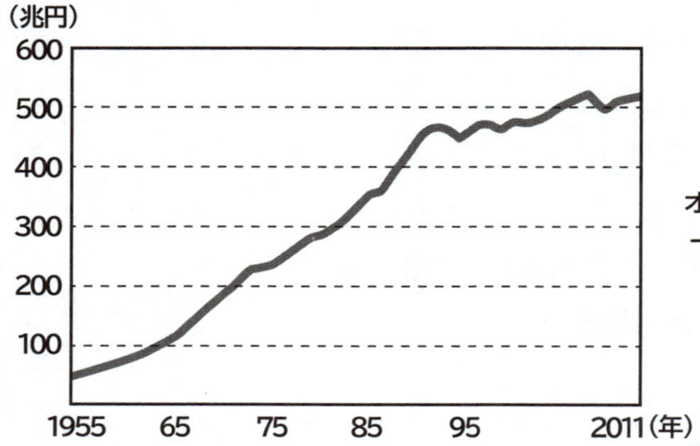

（兆円）
600, 500, 400, 300, 200, 100
1955, 65, 75, 85, 95, 2011（年）

日本の主な貿易相手国と輸出入額（2019年）

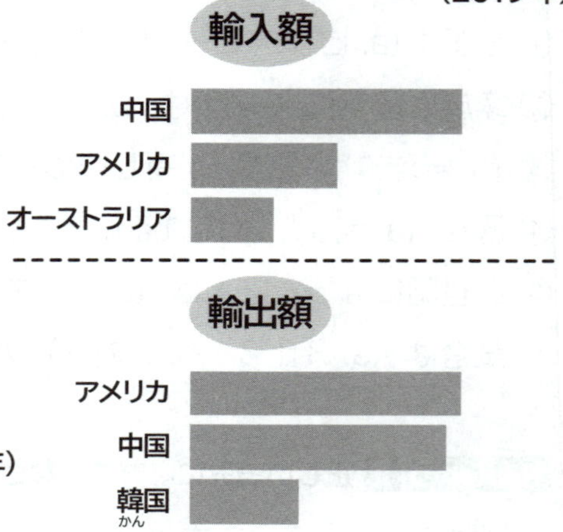

輸入額
- 中国
- アメリカ
- オーストラリア

輸出額
- アメリカ
- 中国
- 韓国（かん）

戦 13画 セン／たたか-う
- 戦後（せんご） a postwar period 战后 전후
- 戦う（たたかう） fight (with/against) 搏斗 싸우다
- 戦争（せんそう） war 战争、激烈竞争 전쟁

経 11画 ケイ
- 経験（けいけん） an experience 经验 경험
- 経営（けいえい） management 经营 경영

済 11画 サイ／す-む
- 経済（けいざい） economy 经济 경제
- 済む（すむ） be finished/over 终结 끝나다

成 6画 セイ
- 成長（せいちょう） growth 成长 성장
- 成功（せいこう） success 成功 성공
- 完成（かんせい） completion 完成 완성

貿 12画 ボウ
- 貿易（ぼうえき） (foreign) trade 贸易 무역

易 8画 エキ／やさ-しい
- 貿易（ぼうえき） (foreign) trade 贸易 무역
- 易しい（やさしい） easy, plain, simple 容易 쉽다

輸 16画 ユ
- 輸出(ゆしゅつ) exportation 出口 수출 ↔ 輸入(ゆにゅう) importation 进口 수입
- 輸送(ゆそう) transportation 輸送 수송

相 9画 ソウ／ショウ／あい
- 相談(そうだん) consultation 商量 상담
- 首相(しゅしょう) prime minister 首相 수상
- 相手(あいて) an opponent, a competitor 対方 상대

れんしゅう I　正しいほうに○をつけなさい。
① 外国と物の売り買いをすること：(a. 戦争　b. 貿易)
② 建物が（a. 完了　b. 完成）する。
③ 戦争を（a. 経験　b. 関係）する。
④ 子どもが（a. 完成　b. 成長）した。
⑤ 今日の試験は（a. 易しかった　b. 優しかった）。
⑥ 食事が（a. 済む　b. 住む）。

れんしゅう II　正しい読みに○をつけなさい。
⑦ 首相　　　1 ちゅそう　　2 しゅそう　　3 すしょう　　4 しゅしょう
⑧ 貿易　　　1 もういき　　2 ぼうえき　　3 こうえき　　4 かいいき
⑨ 戦争　　　1 せんそう　　2 たんそう　　3 せんしょう　4 さんそう
⑩ 経験　　　1 かんけい　　2 けんけい　　3 けいかん　　4 けいけん

れんしゅう III　正しい漢字に○をつけなさい。
⑪ あいて　　1 会手　　2 空手　　3 対手　　4 相手
⑫ たたかう　1 浅う　　2 戦う　　3 残う　　4 横う
⑬ そうだん　1 値段　　2 商談　　3 相談　　4 階段
⑭ ゆしゅつ　1 輸出　　2 輸出　　3 軽出　　4 転出

▶ 答えは p.111、読みは別冊 p.8

---

p.107の答え：I － ①a　②a　③b　④a　⑤a　⑥b
II － ⑦3　⑧1　⑨2　⑩3　　III － ⑪4　⑫3　⑬1　⑭4

やさしい

第6週 5日目

よむ

地球温暖化
ちきゅうおんだんか

Global Warming
地球温暖化
지구온난화

学習日　　月　　日(　)

Q. ＿＿＿の読みは？
暖房

らんぼう
なんぼう
だんぼう

おぼえましょう

昔と比べて気温が上がってきている。これを地球温暖化という。温暖化の原因となるCO_2を減らすための国際会議がしばしば行われている。

ストップ！地球温暖化

節電※、**省エネ**※ですね！

※節電：power saving　省电　절전
※省エネ：energy saving　节能　에너지 절약

わたしたちにできること

冷房の温度を1℃高くする。
暖房の温度を1℃低くする。

シャワーの時間を1分短くする。

化	4画 カ	文化 ぶんか	culture 文化 문화	○○化 か	-ization (changing something into something else) ○○化 ○○화
		化学 かがく	chemistry 化学 화학	化学式 かがくしき	chemical formula 化学式 화학식
		化粧 けしょう	makeup 化妆 화장		

| 比 | 4画 くら-べる | 比べる くら | compare 比较 비교하다 |

| 原 | 10画 ゲン | 原料 げんりょう | (raw) material 原料 원료 |

| 因 | 6画 イン | 原因 げんいん | a cause 原因 원인 |

| 際 | 14画 サイ | 国際(の) こくさい | international 国际 국제 | 交際 こうさい | association/company (with) 交际 교제 |

漢字	画数・読み	熟語	意味	熟語	意味
議	20画 ギ	会議(かいぎ)	a meeting 会议 회의	議員(ぎいん)	a member of an assembly 议员 의원
活	9画 カツ	生活(せいかつ)	life, livelihood 生活 생활	活動(かつどう)	activity 活動 활동
変	9画 ヘン か-わる か-える	大変(たいへん)(な) 変(か)わる	very, serious 不容易 큰일 change 変化 변하다	変化(へんか) 変(か)える	a change 変化 변화 change (something) 変更 바꾸다

れんしゅう I 正しいほうに○をつけなさい。

① 水の（a. 科学　b. 化学）式は H₂O です。
② 地球の気温は昔と（a. 過ぎて　b. 比べて）上がっている。
③ お酒の（a. 材料　b. 原料）は米です。
④ ボランティア※（a. 行動　b. 活動）をする。　　　※ボランティア：volunteer 义工 자원봉사
⑤ 住所が（a. 変える　b. 変わる）。
⑥ 貿易の自由（a. 課　b. 化）

れんしゅう II 正しい読みに○をつけなさい。

⑦ 化粧　　　1 かしょう　　2 けしょう　　3 きしょう　　4 けちょう
⑧ 文化　　　1 ぶんか　　　2 もんか　　　3 ぶんけ　　　4 もんけ
⑨ 比べる　　1 こらべる　　2 くらべる　　3 ならべる　　4 しらべる
⑩ 大変　　　1 おおへん　　2 だいへん　　3 たいぺん　　4 たいへん

れんしゅう III 正しい漢字に○をつけなさい。

⑪ ぎいん　　　1 議員　　2 議人　　3 議民　　4 議因
⑫ こくさい　　1 交察　　2 交際　　3 国察　　4 国際
⑬ げんいん　　1 原困　　2 原因　　3 原囚　　4 原回
⑭ せいかつ　　1 政治　　2 正確　　3 生活　　4 性格

▶答えは p.113、読みは別冊 p.8

---

p.109 の答え： I ― ① b　② b　③ a　④ b　⑤ a　⑥ a
　　　　　　 II ― ⑦ 4　⑧ 2　⑨ 1　⑩ 4　　III ― ⑪ 4　⑫ 2　⑬ 3　⑭ 2

だんぼう

第6週 6日目 よむ

政治 Politics
せいじ / 정치

Q. ＿＿＿ の読みは？ 首相

 すしょう
 しゅそう
 しゅしょう

おぼえましょう

政府は法改正を否定

○○首相は年金に関する法の改正について否定的な考えを示した。実際、法の改正で現在の年金システムの欠点すべてをカバーすることは難しいと専門家は見ている。

政 9画 セイ
- 政治（せいじ）politics 政治 정치
- 政治家（せいじか）a politician 政治家 정치가

府 8画 フ
- 政府（せいふ）an government, administration 政府 정부
- 都道府県（とどうふけん）prefectures 都道府県 일본 지방 공공 단체의 총칭

改 7画 カイ / あらた-める
- 改正（かいせい）an amendment 修改 개정
- 改める（あらためる）① change 改正 고치다　② check 检查、查 검사하다
- 改札口（かいさつぐち）a ticket gate 检票口 개찰구

否 7画 ヒ
- 否定（ひてい）negation 否定 부정

的 8画 テキ
- 否定的（ひていてき）(な) negative 否定的 부정적(인)
- 国際的（こくさいてき）(な) international 国际的 국제적(인)
- 目的（もくてき）an aim, a purpose 目的 목적
- 個人的（こじんてき）(な) personal 个人的 개인적(인)

実 8画 ジツ
- 実際に（じっさいに）practically, actually 实际上 실제로
- 実は（じつは）to tell the truth 说实话 실은
- 実験（じっけん）an experiment 实验 실험

漢字	画数・読み	熟語	意味	熟語	意味
欠	4画 ケツ か-ける	欠点(けってん) 欠ける(か-ける)	a shortcoming 缺点 결점 chip, lack 缺乏 부족하다	欠席(けっせき)	absence 缺席 결석
専	9画 セン	専門(せんもん)	specialty 专业，专长 전문	専門家(せんもんか)	an expert a professional 专家 전문가

カタカナもおぼえよう！
プロ(専門家) professional 行家 프로，전문가　　アマチュア(素人(しろうと)) amateur 业余爱好者 아마추어
パーソナル(個人(こじん)) personal 个人 퍼스널，개인적　　インターナショナル(国際的(こくさいてき)) international 国际的 국제적

れんしゅう I 正しいほうに○をつけなさい。

① 欠点：(a. いい　b. 悪い)ところ
② 専門家：(a. プロ　b. アマチュア)
③ 国際的：(a. パーソナル　b. インターナショナル)
④ 日本へ来た(a. 目的　b. 原因)は研究です。
⑤ (a. 窓口　b. 改札口)を出た所で待っています。
⑥ 電車の時刻(じこく)が(a. 改正　b. 変化)された。

れんしゅう II 正しい読みに○をつけなさい。

		1	2	3	4
⑦	欠ける	うける	たける	かける	すける
⑧	専門	せんもん	てんもん	でんもん	ぜんもん
⑨	実験	しけん	しっけん	じけん	じっけん
⑩	改める	たかしめる	あらためる	たしかめる	あたらめる

れんしゅう III 正しい漢字に○をつけなさい。

		1	2	3	4
⑪	せいふ	政府	勝負	正付	西部
⑫	ひてい	日程	不定	非常	否定
⑬	とどうふけん	県都道府	道都府県	都県道府	都道府県
⑭	せいじ	戦時	政治	静止	少子

▶答えはp.115、読みは別冊p.8

p.111の答え：I — ①b ②b ③b ④b ⑤b ⑥b
　　　　　　II — ⑦2 ⑧1 ⑨2 ⑩4　　III — ⑪1 ⑫4 ⑬2 ⑭3

しゅしょう

第6週 7日目 よむ

復習 + もっと
Review quiz + more
复习 + 更加
복습 + 더

学習日　月　日（　）

復習しましょう

Q 次の漢字の読みを（　）に書いて、同じ意味のカタカナ語を下から選びましょう。
（答えは p.118）

例）科学　（かがく）　[f]

① 暖房　（　　　）[　]　　② 冷房　（　　　）[　]
③ 報告　（　　　）[　]　　④ 技術者（　　　）[　]
⑤ 投手　（　　　）[　]　　⑥ 果物　（　　　）[　]
⑦ 事務所（　　　）[　]　　⑧ 国際的（　　　）[　]

a レポート　　b ヒーター　　c エンジニア　　d オフィス　　e インターナショナル
~~f サイエンス~~　　g ピッチャー　　h フルーツ　　i クーラー

ミニ・レッスン

名詞に「的」をつけると形容詞になります。
これで、また漢字のことばが増やせますね。

A：「〜＋的」っていうことば、いくつ知ってる？
B：国際的、個人的、否定的、技術的、専門的、経済的、文学的、音楽的・・いっぱいあるよ。あれ、「目的」は？
A：「目的」はちょっと違うかな。

もっと勉強しましょう

漢字	画数	読み	熟語	意味	熟語	意味
亡	3画	ボウ / な-い	死亡（しぼう）	death 死亡 사망	亡（な）くなる	die 死去 죽다
忙	6画	ボウ / いそが-しい	多忙（たぼう）（な）	busy 非常忙 다망	忙（いそが）しい	busy 忙碌 바쁘다
忘	7画	ボウ / わす-れる	忘年会（ぼうねんかい）／忘（わす）れる	end-of-year party 年终大会 망년회 / forget 忘记 잊다	忘（わす）れ物（もの）	thing left behind (lost property) 忘了的东西 잊은 물건
祭	11画	サイ / まつ-り	文化祭（ぶんかさい）	a school festival 文化节 문화제	（お）祭（まつ）り	a festival 祭祀 축제
労	7画	ロウ	苦労（くろう）	troubles, hardships 辛苦, 操心 고생	労働者（ろうどうしゃ）	a labourer 劳动者 노동자
加	5画	カ / くわ-える	参加（さんか）／加（くわ）える	participation 参加 참가 / add to 加 더하다	増加（ぞうか）	an increase 增加 증가
情	11画	ジョウ	情報（じょうほう）／事情（じじょう）	information 信息 정보 / circumstance 情况, 缘故 사정	表情（ひょうじょう）／感情（かんじょう）	a facial expression 表情 표정 / emotions 感情 감정
反	4画	ハン	反対（はんたい）	the opposite 反対 반대		

Q ２つの□には同じ漢字が入ります。選んで記号を書きましょう。（答えはp.118）

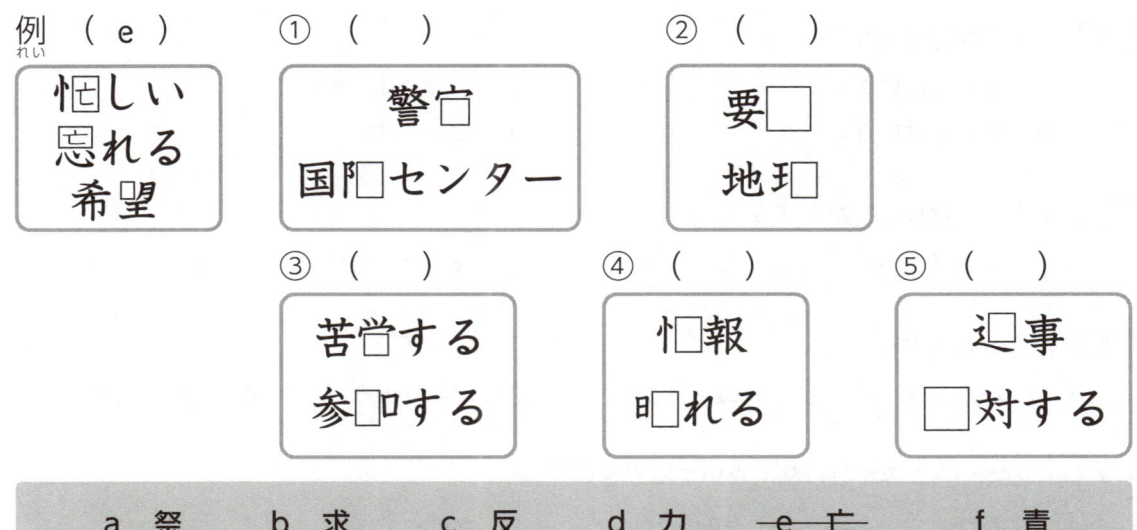

例 (e) 忙しい／忘れる／希望

① ( ) 警□／国□センター

② ( ) 要□／地□

③ ( ) 苦□する／参□する

④ ( ) □報／□れる

⑤ ( ) □事／□対する

a 祭　b 求　c 反　d 力　e 亡　f 青

---

p.113の答え： Ⅰ－①b　②a　③b　④a　⑤b　⑥a
　　　　　　Ⅱ－⑦3　⑧1　⑨4　⑩2　　Ⅲ－⑪1　⑫4　⑬4　⑭2

第6週 7日目 よむ

まとめの問題

Summary questions　综合问题　정리 문제

制限時間：20分
1問4点×25問
答えは p.118
読みは別冊 p.8

点数 ／100

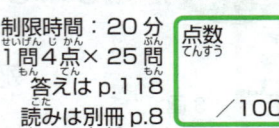

問題1 ＿＿＿のことばの読み方として最もよいものを、1・2・3・4から一つえらびなさい。

1　週末は全国的に晴れるでしょう。
　　1　ばれる　　　2　てれる　　　3　はれる　　　4　なれる

2　これは日本で一般に売られている食品です。
　　1　いっせん　　2　いっそう　　3　いっせい　　4　いっぱん

3　これはなんという果物ですか。
　　1　けだもの　　2　くだもの　　3　こだもの　　4　こなもの

4　私たちのチームは強いチームと戦って勝ちました。
　　1　かたかって　2　たかたって　3　かかたって　4　たたかって

5　国際会議に出席する。
　　1　こくせいかいに　　　　　　2　こくさいかいぎ
　　3　こくさいかいに　　　　　　4　こくせいかいぎ

6　大学で政治経済を学ぶ。
　　1　せいちけいざい　　　　　　2　せいじけいざい
　　3　せいちけいさい　　　　　　4　せいじけいさい

7　寒さに負けないでがんばろう。
　　1　なさけないで　2　もけないで　3　なまけないで　4　まけないで

8　原料を輸入する。
　　1　ひりょう　　2　ねんりょう　3　げんりょう　4　こうりょう

9　車の窓からごみを投げ捨てないでください。
　　1　なげすて　　2　まげすて　　3　なげつて　　4　まげつて

10　宿題を済ませてから、テレビを見ます。
　　1　からませて　2　さませて　　3　おわませて　4　すませて

[11] 私はその意見に反対です。
　　1　はんてい　　　2　へんたい　　　3　へんてい　　　4　はんたい

[12] お忘れ物のないようご注意ください。
　　1　おますれもの　2　おわすれもの　3　おすわれもの　4　おもすれもの

[13] 最後に塩を加えます。
　　1　くわえます　　2　こわえます　　3　かえます　　　4　つかえます

[14] 友達の相談相手になる。
　　1　そうだんそうしゅ　2　しょうだんあいて　3　そうだんあいて　4　しょうだんそうしゅ

[15] コンビニでアルバイトを募集している。
　　1　ぼうしゅう　　2　もしゅう　　　3　ぼしゅう　　　4　もうしゅう

問題2　＿＿＿のことばを漢字でかくとき、最もよいものを、1・2・3・4から一つえらびなさい。

[16] じっけん結果を報告する。
　　1　事件　　　　2　実験　　　　　3　試験　　　　　4　条件

[17] せんもんかに意見を聞く。
　　1　専門家　　　2　専問家　　　　3　千聞家　　　　4　千文家

[18] 地球おんだんかについて話し合う。
　　1　温段化　　　2　音暖化　　　　3　温暖化　　　　4　音断化

[19] 明日は北風がふいて寒くなるでしょう。
　　1　吸いて　　　2　吹いて　　　　3　欠いて　　　　4　比いて

[20] 父はこうむ員です。
　　1　事務　　　　2　用務　　　　　3　公務　　　　　4　法務

問題3 （　）に入れるのに最もよいものを、1・2・3・4から一つえらびなさい。

21 次の試験は第10（　）までです。
1 部　　2 課　　3 問　　4 科

22 工場は機械（　）された。
1 比　　2 的　　3 性　　4 化

23 個人（　）な理由で、会社を辞めました。
1 上　　2 因　　3 的　　4 内

24 ラジオで天気予（　）を聞く。
1 想　　2 報　　3 定　　4 防

25 首相はニュースの内容を（　）定した。
1 否　　2 内　　3 無　　4 正

復習＋もっと（p.114〜115）の答え：
復習 ①だんぼう　b　②れいぼう　i　③ほうこく　a　④ぎじゅつしゃ　c
　　　　⑤とうしゅ　g　⑥くだもの　h　⑦じむしょ　d　⑧こくさいてき　e

もっと ①a　②b　③d　④f　⑤c

まとめの問題（p.116〜118）の答え：
問題1　[1] 3　[2] 4　[3] 2　[4] 4　[5] 2　[6] 2　[7] 4　[8] 3　[9] 1　[10] 4
　　　　[11] 4　[12] 2　[13] 1　[14] 3　[15] 3
問題2　[16] 2　[17] 1　[18] 3　[19] 2　[20] 3
問題3　[21] 2　[22] 4　[23] 3　[24] 2　[25] 1

模擬試験
もぎしけん

- 第1回 p.120〜121
  だいかい
- 第2回 p.122〜123
  だいかい

答え・正しい文の読みは別冊にあります。
こた ただ ぶん よ べっさつ

Answers and readings of correct sentences can be found in the separate booklet.
答案和正确词句的读法在附录的别册里。
대답 · 올바른 문장 읽기 는별책에 있습니다.

1回分の問題数は、実際の「日本語能力試験」よりも多くなっています。
かいぶん もんだいすう じっさい にほんごのうりょくしけん おお

The number of questions for one test is more than the actual "Japanese Language Proficiency Test".
考一回的试题量比实际的"日本语能力考试"要多。
1 회분 문제집은 , 실제의 "일본어능력시험" 보다 많아지고 있습니다.

模擬試験 第1回

制限時間：15分
1問5点×20問
答えは別冊 p.8〜9

問題1

1 彼は授業中、少し注意力に欠ける。
1　たける　　2　とける　　3　ふける　　4　かける

2 細かい字ばかり読んでいると目が疲れる。
1　つぶれる　　2　つかれる　　3　つかえる　　4　みだれる

3 入院中は医者や病院に無断で出かけてはいけない。
1　むだん　　2　ぶだん　　3　ふだん　　4　みだん

4 これは二十歳のときの写真です。
1　ひたち　　2　はつか　　3　はたち　　4　ふつか

5 汗をかいたら、着替えてください。
1　かぜ　　2　せき　　3　あせ　　4　くせ

6 これは食用の油です。
1　あむら　　2　こな　　3　あぶら　　4　すな

7 先ほど関東地方に地震がありました。
1　ちじん　　2　しじん　　3　じちん　　4　じしん

8 昨夜は虫歯が痛くて眠れませんでした。
1　もしば　　2　むしば　　3　さしば　　4　ちゅうし

9 おつりは出ませんから、ここで両替してください。
1　りょうがえ　　2　ろうがえ　　3　りょうがい　　4　ろうがい

10 前の画面に戻る時はここを押せばいいですよ。
1　のぼる　　2　かえる　　3　もどる　　4　うつる

問題2

[11] 毎朝、くだものを食べることにしています。
　　1　果実　　　　2　木実　　　　3　実物　　　　4　果物

[12] A「荷物の中身はなんですか。」
　　B「いるいです。」
　　1　書類　　　　2　種類　　　　3　衣類　　　　4　人類

[13] かなしくてなみだが止まらない。
　　1　涙　　　　　2　港　　　　　3　波　　　　　4　湖

[14] 明日は強い風がふくでしょう。
　　1　次く　　　　2　吸く　　　　3　吹く　　　　4　引く

[15] 数学はちょっとにがてです。
　　1　若手　　　　2　苦手　　　　3　逃手　　　　4　下手

[16] 先日のおれいにごちそうさせてください。
　　1　お札　　　　2　お祝　　　　3　お礼　　　　4　お呪

[17] そんなことをすると、故障のげんいんになります。
　　1　原印　　　　2　原員　　　　3　原困　　　　4　原因

[18] スマホで交通じょうほうを見る。
　　1　清報　　　　2　情報　　　　3　静報　　　　4　予報

[19] クレジットカードではらいます。
　　1　払います　　2　仏います　　3　支います　　4　代います

[20] 窓ガラスがわれている。
　　1　汚れて　　　2　折れて　　　3　割れて　　　4　現れて

模擬試験 第2回

制限時間：15分
1問5点×20問
答えは別冊 p.9
点数／100

問題1

1 遅れる場合は必ず連絡をください。
1 からなず　　2 あせらず　　3 かならず　　4 わすれず

2 変な電話がかかってきたら、警察に相談しましょう。
1 けいさつ　　2 かいさつ　　3 かんさつ　　4 けんさつ

3 この食品は冷蔵庫で保存してください。
1 ほれい　　2 ちょぞう　　3 ほかん　　4 ほぞん

4 けが人は病院に運ばれたが、死亡した。
1 しもう　　2 しぼう　　3 しびょう　　4 ししょう

5 歩道橋を渡って行きましょう。
1 とおって　　2 のぼって　　3 わたって　　4 あたって

6 友達の家に遊びに行ったが、留守だった。
1 るす　　2 りゅす　　3 るしゅ　　4 りしゅ

7 あのご夫婦は二人とも教師だそうです。
1 ふさい　　2 しゅふ　　3 さいし　　4 ふうふ

8 リバーシブルというのは表も裏も使えるという意味です。
1 うら　　2 したて　　3 おもて　　4 さかて

9 首相は否定的な考えを示した。
1 しるした　　2 しめした　　3 あらわした　　4 しじした

10 母の日に花束をあげる。
1 はなびら　　2 はながら　　3 はなたば　　4 はなばな

問題2

11 私のせんもんは政治経済です。
　　1　専問　　　2　専文　　　3　専門　　　4　専聞

12 妻は銀行につとめています。
　　1　労めて　　2　働めて　　3　仕めて　　4　勤めて

13 お皿があつくなっておりますから、ご注意ください。
　　1　厚く　　　2　熱く　　　3　暑く　　　4　濃く

14 A「3時におうかがいします。」
　　B「お待ちしております。」
　　1　お伺い　　2　お何い　　3　お向い　　4　お同い

15 きゅうじん広告を見て、仕事をさがす。
　　1　救人　　　2　球人　　　3　求人　　　4　急人

16 この大学でのみぶんは研究生です。
　　1　身分　　　2　未分　　　3　見分　　　4　実分

17 試合には負けたが、みんなよくたたかった。
　　1　勝った　　2　救った　　3　断った　　4　戦った

18 その男は事件との関係をひていした。
　　1　不定　　　2　非定　　　3　比定　　　4　否定

19 あそこのカフェは犬をつれて入ることができる。
　　1　連れて　　2　次れて　　3　行れて　　4　運れて

20 店の前に人がたくさんならんでいる。
　　1　選んで　　2　並んで　　3　遊んで　　4　呼んで

漢字・語彙リスト

Kanji and Vocabulary List　汉字・词汇目录　한자・어휘 리스트

※漢字の並び順：画数→音読みのあいうえお順

※例) 一：初級　了：この本で学ぶ漢字　片：N2以上の漢字

漢字	熟語	ページ
人	人類（じんるい）	61

1画				改札口（かいさつぐち）	112	化	変化（へんか）	111		内側（うちがわ）	30
一	一般（いっぱん）	104		降車口（こうしゃぐち）	23	牛	牛乳（ぎゅうにゅう）	54		内科（ないか）	38
	一般に（いっぱんに）	104	口	非常口（ひじょうぐち）	16		欠ける（かける）	113		内容（ないよう）	104
2画				窓口（まどぐち）	20	欠	欠席（けっせき）	20, 113	内	案内（あんない）	30
十	二十歳／二十歳（にじゅっさい／はたち）	72	三	三角形（さんかくけい）	79		欠点（けってん）	113		以内（いない）	30
	人類（じんるい）	61	山	登山（とざん）	59	月	月末（げつまつ）	25		家内（かない）	30
	人形（にんぎょう）	38		調子（ちょうし）	86		戸（と）	79		国内（こくない）	30
	受取人（うけとりにん）	76	子	息子（むすこ）	95	戸	戸だな（とだな）	79		日常（にちじょう）	16
	求人（きゅうじん）	104		様子（ようす）	32		雨戸（あまど）	79		日記（にっき）	72
	個人（こじん）	67	女	女性（じょせい）	73	公	公園（こうえん）	37		日本酒（にほんしゅ）	94
人	個人的（こじんてき）	112		小型（こがた）	70		公務員（こうむいん）	105	日	昨日／昨日（きのう／さくじつ）	90
	差出人（さしだしにん）	36	小	小麦粉（こむぎこ）	54	今	今晩（こんばん）	25		祝日（しゅくじつ）	90
	産婦人科（さんふじんか）	38		上級（じょうきゅう）	70		支社（ししゃ）	69		定休日（ていきゅうび）	20
	美人（びじん）	34	上	上達（じょうたつ）	76	支	支店（してん）	69	反	反対（はんたい）	106, 115
	婦人（ふじん）	38		値上げ（ねあ）	68		支払い（しはらい）	69	比	比べる（くらべる）	110
二	二十歳／二十歳（にじゅっさい／はたち）	72		召し上がる（めしあがる）	48	止	禁止（きんし）	12		不安定（ふあんてい）	20
	入荷（にゅうか）	74		申し上げる（もうしあげる）	72		手術（しゅじゅつ）	34	不	不在（ふざい）	76
	入学式（にゅうがくしき）	14	大	大型（おおがた）	70		手伝う（てつだう）	41		不満（ふまん）	12
入	押し入れ（おしいれ）	14		大変（たいへん）	111		手荷物（てにもつ）	74		夫（おっと）	79
	記入（きにゅう）	72	亡	亡くなる（なくなる）	115		手袋（てぶくろ）	54	夫	夫妻（ふさい）	61, 79
	再入国（さいにゅうこく）	57		死亡（しぼう）	115	手	相手（あいて）	109		夫婦（ふうふ）	79
	輸入（ゆにゅう）	109	**4画**				選手（せんしゅ）	88		分解（ぶんかい）	32
	了解（りょうかい）	58		代金引換（だいきんひきかえ）	75		投手（とうしゅ）	107		分類（ぶんるい）	61
了	完了（かんりょう）	58	引	代引き（だいびき）	75		苦手（にがて）	79	分	部分（ぶぶん）	56
	終了（しゅうりょう）	58		割引（わりびき）	68	少	減少（げんしょう）	52		身分（みぶん）	94
力	協力（きょうりょく）	33		化学（かがく）	110		心配（しんぱい）	74		文化（ぶんか）	110
3画				化学式（かがくしき）	110	心	関心（かんしん）	12	文	文化祭（ぶんかさい）	115
	下宿（げしゅく）	89	化	化粧（けしょう）	110		熱心（ねっしん）	92		文法（ぶんぽう）	51
下	地下鉄（ちかてつ）	19		○○化（か）	110	水	断水（だんすい）	13	片	片付ける（かたづける）	38
	値下げ（ねさげ）	68		文化（ぶんか）	110	切	息切れ（いきぎれ）	95		方向（ほうこう）	12
口	口紅（くちべに）	66		文化祭（ぶんかさい）	115	中	中級（ちゅうきゅう）	70	方	方法（ほうほう）	51

方	○○方面 ほうめん	18	示	表示 ひょうじ	58	付	片付ける かたづ	38	会	忘年会 ぼうねんかい	115
友	友達 ともだち	76	失	失敗 しっぱい	84	払	払う はら	69	回	回数券 かいすうけん	22
予	予習 よしゅう	31		失望 しつぼう	74		支払い しはら	69		回復 かいふく	89
	予想 よそう	87		失礼 しつれい	84		本社 ほんしゃ	69		次回 じかい	18
	予定 よてい	31	主	主婦 しゅふ	38	本	本店 ほんてん	69	灰	灰皿 はいざら	25
	予報 よほう	102		出荷 しゅっか	74		本当 ほんとう	32	各	各駅 かくえき	18
	予防 よぼう	40		出血 しゅっけつ	25		絵本 えほん	43		各自 かくじ	18
	予約 よやく	31		出席 しゅっせき	20		日本酒 にほんしゅ	94		各国 かっこく	18
5画			出	差し出す さだ	36	末	月末 げつまつ	25	汗	汗 あせ	84
以	以降 いこう	23		差出人 さしだしにん	36		週末 しゅうまつ	25		汗をかく あせ	84
	以内 いない	30		輸出 ゆしゅつ	109		年末 ねんまつ	25	危	危ない あぶ	16
右	右折 うせつ	39	召	召し上がる めあ	48	未	未定 みてい	25		危険 きけん	16, 17
	右側 みぎがわ	21		申告 しんこく	72		未来 みらい	25	気	気温 きおん	51
加	加える くわ	115		申請 しんせい	72		〜未満 みまん	25		定休日 ていきゅうび	20
	参加 さんか	76, 115	申	申し上げる もうあ	72	目	目次 もくじ	18	休	無休 むきゅう	12
	増加 ぞうか	52, 115		申込書 もうしこみしょ	72		目的 もくてき	112		連休 れんきゅう	73
外	外科 げか	38		申し込む もうこ	72		自由 じゆう	20	吸	呼吸 こきゅう	94, 95
	整形外科 せいけいげか	38		申す もう	72	由	自由席 じゆうせき	20		吸う す	94
去	過去 かこ	19		正確 せいかく	14		理由 りゆう	20	曲	曲 きょく	90
広	広告 こうこく	68	正	正座 せいざ	23		用件 ようけん	57		曲線 きょくせん	90
功	成功 せいこう	108		正常 せいじょう	16	用	信用 しんよう	14		曲がる ま	90
	〜号車 ごうしゃ	14		改正 かいせい	112		費用 ひよう	50		曲げる ま	90
号	記号 きごう	72	生	生活 せいかつ	111		利用 りよう	68	血	血 ち	25
	信号 しんごう	14		再生 さいせい	57	立	組み立てる くた	43		出血 しゅっけつ	25
	番号 ばんごう	20		石 いし	61		役に立つ やくた	36		件名 けんめい	57
	込む こ	70	石	石油 せきゆ	61, 66	礼	お礼 れい	84	件	事件 じけん	57
	税込 ぜいこみ	70		石けん せっ	61		失礼 しつれい	84		用件 ようけん	57
込	振り込む ふこ	70		他の ほか	93	**6画**				交換 こうかん	36, 75
	申し込む もうこ	72	他	その他 たほか	93		安全 あんぜん	32		交際 こうさい	110
	申込書 もうしこみしょ	72		代金引換 だいきんひきかえ	75	安	安定 あんてい	20	交	交差点 こうさてん	36
左	左折 させつ	39	代	代引き だいび	75		格安 かくやす	71		交通 こうつう	36
冊	冊数 さっすう	66		代表 だいひょう	55		不安定 ふあんてい	20		交番 こうばん	36
	〜冊 さつ	66	半	半額 はんがく	75	衣	衣服 いふく	76	光	観光 かんこう	34
札	改札口 かいさつぐち	112		必ず かなら	49		衣類 いるい	76		向かう む	12
皿	皿 さら	25	必	必死 ひっし	49	因	原因 げんいん	110	向	向こう む	12
	灰皿 はいざら	25		必要 ひつよう	48, 49	汚	汚い きたな	92		○○向き む	12
四	四角い しかく	79	氷	氷 こおり	52		汚れる よご	92		方向 ほうこう	12
市	市役所 しやくしょ	36		付く つ	38		会議 かいぎ	111	考	参考書 さんこうしょ	76
示	示す しめ	58	付	付ける つ	38	会	会費 かいひ	50	行	新婚旅行 しんこんりょこう	90
	指示 しじ	58		受付 うけつけ	38		機会 きかい	52		連れて行く つい	73

漢字	語	読み	ページ
行	飛行機	ひこうき	52
	飛行場	ひこうじょう	15
合	合格	ごうかく	71
	割合	わりあい	68
再	再生	さいせい	57
	再ダイヤル	さい	57
	再入国	さいにゅうこく	57
	再来週	さらいしゅう	57
在	現在	げんざい	76
	不在	ふざい	76
死	死亡	しぼう	115
	必死	ひっし	49
字	数字	すうじ	56
寺	○○寺	じ	35
	お寺	てら	35
次	次回	じかい	18
	次	つぎ	18
	目次	もくじ	18
耳	耳鼻科	じびか	38
自	自信	じしん	14
	自宅	じたく	74
	自動販売機	じどうはんばいき	52
	自由	じゆう	20
	自由席	じゆうせき	20
	各自	かくじ	18
式	押しボタン式	おしぼたんしき	14
	化学式	かがくしき	110
	形式	けいしき	38
	数式	すうしき	14
	入学式	にゅうがくしき	14
守	守備	しゅび	56
	守る	まもる	56
	留守	るす	56
	留守番	るすばん	56
色	黄色	きいろ	43
	黄色い	きいろい	43
	緑（色）	みどり（いろ）	66
成	成功	せいこう	108
	成長	せいちょう	108
	完成	かんせい	108
先	優先席	ゆうせんせき	22
全	全席	ぜんせき	32
	全部	ぜんぶ	32
	全面	ぜんめん	18
	安全	あんぜん	32
	完全	かんぜん	58
争	戦争	せんそう	108
存	存じません	ぞん	49
	ご存じです	ぞん	49
	保存する	ほぞん	49
多	多忙	たぼう	115
宅	宅配	たくはい	74
	お宅	たく	74
	自宅	じたく	74
団	団体	だんたい	67
地	地震	じしん	103
	地下鉄	ちかてつ	19
	地球	ちきゅう	106
	遊園地	ゆうえんち	34
虫	虫	むし	92
	虫歯	むしば	92
伝	伝える	つたえる	41
	伝言	でんごん	41
	手伝う	てつだう	41
灯	灯油	とうゆ	66
当	当たり前	あたりまえ	32
	当たる	あたる	32
	当○○	とう	32
	適当	てきとう	88
	本当	ほんとう	32
年	年末	ねんまつ	25
	年齢	ねんれい	72
	昨年	さくねん	90
	忘年会	ぼうねんかい	115
米	米	こめ	70
	米国	べいこく	70
忙	忙しい	いそがしい	115
	多忙	たぼう	115
毎	毎晩	まいばん	25
名	件名	けんめい	57

7画

漢字	語	読み	ページ
両	両替	りょうがえ	22
	両側	りょうがわ	21
	両親	りょうしん	22
	～両	りょう	22
位	単位	たんい	86
医	医師	いし	61
	歯医者	はいしゃ	92
花	花束	はなたば	43
快	快速	かいそく	18
	快適	かいてき	88
改	改める	あらためる	112
	改札口	かいさつぐち	112
	改正	かいせい	112
角	角度	かくど	79
	角	かど	79
	三角形	さんかくけい	79
	四角い	しかくい	79
完	完成	かんせい	108
	完全	かんぜん	58
	完了	かんりょう	58
希	希望	きぼう	74
技	技術	ぎじゅつ	34, 104
	技術者	ぎじゅつしゃ	104
却	返却	へんきゃく	53
求	求人	きゅうじん	104
	請求書	せいきゅうしょ	104
	求める	もとめる	104
	要求	ようきゅう	104
局	結局	けっきょく	90
	薬局	やっきょく	36
	郵便局	ゆうびんきょく	36
近	最近	さいきん	88
君	君	きみ	90
	○○君	くん	90
形	形	かたち	38
	形式	けいしき	38
	三角形	さんかくけい	79
	図形	ずけい	38
	整形外科	せいけいげか	38
形	人形	にんぎょう	38
決	決まる	きまる	106
	決める	きめる	106
	決して	けっして	106
	決勝	けっしょう	106
	決定	けってい	106
言	言葉	ことば	97
	伝言	でんごん	41
告	広告	こうこく	68
	申告	しんこく	72
	報告	ほうこく	102
困	困る	こまる	40
	困難	こんなん	86
材	材料	ざいりょう	54
	教材	きょうざい	54
伺	伺う	うかがう	84
社	支社	ししゃ	69
	神社	じんじゃ	35
	本社	ほんしゃ	69
車	車庫	しゃこ	48
	～号車	ごうしゃ	14
	救急車	きゅうきゅうしゃ	40
	降車口	こうしゃぐち	23
	乗車券	じょうしゃけん	22
	駐車	ちゅうしゃ	12
	駐車券	ちゅうしゃけん	22
	駐車場	ちゅうしゃじょう	12
	停車	ていしゃ	22
	満車	まんしゃ	12
初	初級	しょきゅう	97
	初め	はじめ	97
	初めて	はじめて	97
	最初	さいしょ	88, 97
助	助ける	たすける	25
	救助	きゅうじょ	25
身	身長	しんちょう	94
	身分	みぶん	94
	刺身	さしみ	94
	独身	どくしん	94
図	図形	ずけい	38

漢字	語彙	頁	漢字	語彙	頁	漢字	語彙	頁	漢字	語彙	頁
吹	吹く	102	来	未来	25	学	入学式	14	事	事務	105
				連れて来る	73		留学	56		事務所	105
折	折り紙	39	卵	卵	54	官	警官	40		記事	72
	折る	39		卵焼き	54	泣	泣く	97		返事	53
	折れる	39	利	利用	68	協	協力	33	治	治療	92
	右折	39		便利	68		金額	75		治す	92
	骨折	39	冷	冷ます	48		金庫	48		治る	92
	左折	39		冷める	48		現金	22		政治	92, 112
束	〜束	43		冷たい	48	金	賞金	50		政治家	112
	花束	43		冷える	48		税金	70		実験	112
	約束	43		冷やす	48		代金引換	75	実	実際に	112
足	足袋	54		冷蔵庫	48		預金	76		実は	112
体	団体	67		冷凍庫	48		苦労	79, 115		技術者	104
対	1対2	106		冷房	48		苦しい	79	者	消費者	50
	反対	106, 115	労	労働者	115	苦	苦い	79		歯医者	92
男	男性	73		苦労	79, 115		苦手	79		労働者	115
投	投手	107	**8画**			空	空港	34	若	若い	25
	投げる	107	易	易しい	108		回数券	22		取り替える	22
売	自動販売機	52		貿易	108		乗車券	22		取る	76
	販売	52		育つ	61	券	整理券	22	取	受取人	76
麦	小麦粉	54	育	育てる	61		駐車券	22		受け取る	76
否	否定	112		教育	61		定期券	50		受付	38
	否定的	112	雨	雨戸	79	呼	呼吸	95		受取人	76
別	性別	73	往	往復	89		呼ぶ	95		受け取る	76
	返す	53		押さえる	14	刻	遅刻	84	受	受ける	38
返	返却	53		押し入れ	14		国際	110		受験	38
	返事	53	押	押しボタン式	14		国際的	112		受信	38
	裏返す	55		押す	14		国内	30		事務所	105
坊	寝坊	91		価格	71	国	各国	18	所	市役所	36
	忘年会	115	価	定価	71		再入国	57		性格	73
忘	忘れ物	115	果	果物	107		米国	70		性別	73
	忘れる	115		結果	107		妻	61	性	女性	73
	防ぐ	40		画面	18	妻	夫妻	61, 79		男性	73
防	消防	40	画	絵画	43		参加	76, 115	昔	昔	43
	予防	40		録画	59	参	参考書	76		長期	50
戻	戻す	58		学部	56		参る	76		課長	105
	戻る	58		化学	110	刺	刺身	94	長	身長	94
役	役員	36	学	科学	38		事件	57		成長	108
	役に立つ	36		化学式	110	事	事故	41		船長	79
	市役所	36		数学	56		事情	115		部長	56
来	再来週	57									

直	直接 ちょくせつ	88	表	表現 ひょうげん	22	科	教科書 きょうかしょ	38	砂	砂 すな	66
	直線 ちょくせん	88		表示 ひょうじ	58		外科 げか	38	昨	昨日／昨日 きのう／さくじつ	90
	直す なお	88		表情 ひょうじょう	115		産婦人科 さんふじんか	38		昨年 さくねん	90
	直る なお	88		表面 ひょうめん	55		歯科 しか	92		昨夜 さくや	90
定	定価 ていか	71		代表 だいひょう	55		耳鼻科 じびか	38	指	指示 しじ	58
	定期券 ていきけん	50		発表 はっぴょう	55		整形外科 せいけいげか	38		指定 してい	20
	定休日 ていきゅうび	20	府	政府 せいふ	112		内科 ないか	38		指定席 していせき	20
	安定 あんてい	20		都道府県 とどうふけん	112	活	活動 かつどう	111		指 ゆび	20
	決定 けってい	106	服	衣服 いふく	76		生活 せいかつ	111		指輪 ゆびわ	20
	限定 げんてい	50	物	果物 くだもの	107	看	看護師 かんごし	61	首	首相 しゅしょう	109
	指定 してい	20		手荷物 てにもつ	74	客	客 きゃく	32	重	重要 じゅうよう	48
	指定席 していせき	20		動物園 どうぶつえん	34		お客様 おきゃくさま	32	祝	祝う いわ	90
	否定 ひてい	112		荷物 にもつ	74		観客 かんきゃく	34		祝日 しゅくじつ	90
	否定的 ひていてき	112		忘れ物 わすもの	115	急	救急車 きゅうきゅうしゃ	40		お祝い いわ	90
	不安定 ふあんてい	20	並	並ぶ なら	93	級	高級 こうきゅう	70	乗	乗車券 じょうしゃけん	22
	未定 みてい	25		並べる なら	93		上級 じょうきゅう	70		乗馬 じょうば	61
	予定 よてい	31		歯並び はなら	93		初級 しょきゅう	97		乗り換え のか	75
的	個人的 こじんてき	112	歩	歩道橋 ほどうきょう	37		中級 ちゅうきゅう	70	食	食塩 しょくえん	66
	国際的 こくさいてき	112		横断歩道 おうだんほどう	14	係	係 かかり	13		食欲 しょくよく	94
	否定的 ひていてき	112	法	文法 ぶんぽう	51		関係 かんけい	13	信	信号 しんごう	14
	目的 もくてき	112		方法 ほうほう	51	型	大型 おおがた	70		信じる しん	14
店	支店 してん	69	房	暖房 だんぼう	102		小型 こがた	70		信用 しんよう	14
	商店 しょうてん	68		冷房 れいぼう	48		新型 しんがた	70		自信 じしん	14
	本店 ほんてん	69	枚	枚数 まいすう	67	県	都道府県 とどうふけん	112		受信 じゅしん	38
届	届く とど	74		〜枚 まい	67	限	限る かぎ	50		送信 そうしん	14
	届ける とど	74	味	賞味期限 しょうみきげん	50		限定 げんてい	50	神	神様 かみさま	35
乳	牛乳 ぎゅうにゅう	54	門	専門 せんもん	113		限度 げんど	50		神経質 しんけいしつ	35
念	記念 きねん	85		専門家 せんもんか	113		期限 きげん	50		神社 じんじゃ	35
	残念 ざんねん	85	夜	昨夜 さくや	90		賞味期限 しょうみきげん	50	政	政治 せいじ	92, 112
波	津波 つなみ	103	油	油 あぶら	66	故	故○○ こ	41		政治家 せいじか	112
	電波 でんぱ	103		しょう油 ゆ	66		故障 こしょう	41		政府 せいふ	112
	波 なみ	103		石油 せきゆ	61, 66		事故 じこ	41	専	専門 せんもん	113
泊	宿泊 しゅくはく	97		灯油 とうゆ	66	後	最後 さいご	88		専門家 せんもんか	113
	泊まる と	97	例	例えば たと	72		戦後 せんご	108	前	当たり前 あまえ	32
	泊める と	97		例 れい	72	厚	厚い あつ	97	相	相手 あいて	109
非	非常 ひじょう	16	**9画**				紅茶 こうちゃ	66		相談 そうだん	109
	非常口 ひじょうぐち	16	屋	酒屋 さかや	94	紅	紅葉 こうよう	97		首相 しゅしょう	109
表	表す あらわ	55		部屋 へや	56		口紅 くちべに	66	送	送信 そうしん	14
	表 おもて	55	音	録音 ろくおん	59	査	調査 ちょうさ	86		配送料 はいそうりょう	74
	表 ひょう	55	科	科学 かがく	38	砂	砂糖 さとう	66		輸送 ゆそう	109

単	単位 たんい	86	便	郵便 ゆうびん	36	記	記念 きねん	85	時	時間帯 じかんたい	77
	単語 たんご	86		郵便局 ゆうびんきょく	36		記録 きろく	59	酒	酒屋 さかや	94
	簡単 かんたん	86	保	保存する ほぞん	49		日記 にっき	72		お酒 さけ	94
段	階段 かいだん	16		保留 ほりゅう	56	挙	選挙 せんきょ	88		日本酒 にほんしゅ	94
	値段 ねだん	68		面接 めんせつ	58	原	原因 げんいん	110		料理酒 りょうりしゅ	94
茶	紅茶 こうちゃ	66	面	画面 がめん	18		原料 げんりょう	110		書留 かきとめ	56
	緑茶 りょくちゃ	66		全面 ぜんめん	18	個	個人 こじん	67		書類 しょるい	61
昼	昼寝 ひるね	91		表面 ひょうめん	55		個人的 こじんてき	112		教科書 きょうかしょ	38
津	津波 つなみ	103		○○方面 ほうめん	18		個数 こすう	67	書	参考書 さんこうしょ	76
点	点数 てんすう	36	約	約～ やく	31		～個 こ	67		辞書 じしょ	89
	～点 てん	36		約束 やくそく	43	庫	金庫 きんこ	48		請求書 せいきゅうしょ	104
	欠点 けってん	113		婚約 こんやく	90		車庫 しゃこ	48		申込書 もうしこみしょ	72
	交差点 こうさてん	36		予約 よやく	31		冷蔵庫 れいぞうこ	48		消える き	40
度	温度 おんど	51	要	要る い	48		冷凍庫 れいとうこ	48		消しゴム け	40
	角度 かくど	79		要求 ようきゅう	104	降	降りる お	23	消	消す け	40
	限度 げんど	50		重要 じゅうよう	48		降車口 こうしゃぐち	23		消費者 しょうひしゃ	50
	震度 しんど	103		必要 ひつよう	49		降る ふ	23		消費税 しょうひぜい	70
	速度 そくど	18	**10画**				以降 いこう	23		消防 しょうぼう	40
独	独身 どくしん	94	案	案 あん	30	高	高級 こうきゅう	70	笑	笑顔 えがお	85
発	発表 はっぴょう	55		案内 あんない	30		高速道路 こうそくどうろ	18		笑い わら	85
飛	飛ぶ と	15		議員 ぎいん	111		高齢 こうれい	72		笑う わら	85
	飛行機 ひこうき	52		公務員 こうむいん	105	骨	骨折 こっせつ	39	振	振り込む ふこ	70
	飛行場 ひこうじょう	15	員	職員 しょくいん	104		骨 ほね	39		席 せき	20
美	美しい うつく	34		満員 まんいん	12		差 さ	36		欠席 けっせき	20, 113
	美術 びじゅつ	34		役員 やくいん	36		差し出す さだ	36		座席 ざせき	23
	美術館 びじゅつかん	34	院	美容院 びよういん	104	差	差出人 さしだしにん	36	席	指定席 していせき	20
	美人 びじん	34		家内 かない	30		交差点 こうさてん	36		自由席 じゆうせき	20
	美容院 びよういん	104	家	政治家 せいじか	112		座席 ざせき	23		出席 しゅっせき	20
	商品 しょうひん	68		専門家 せんもんか	113	座	座る すわ	23		全席 ぜんせき	32
品	賞品 しょうひん	50		荷物 にもつ	74		正座 せいざ	23		優先席 ゆうせんせき	22
	製品 せいひん	50		出荷 しゅっか	74		残業 ざんぎょう	70	造	造る つく	50
負	負ける ま	106	荷	手荷物 てにもつ	74		残念 ざんねん	85		製造 せいぞう	50
	勝負 しょうぶ	106		入荷 にゅうか	74	残	残す のこ	70		息 いき	95
風	風船 ふうせん	79		格安 かくやす	71		残り のこ	70	息	息切れ いきぎ	95
変	変える か	111	格	価格 かかく	71		残る のこ	70		息子 むすこ	95
	変わる か	111		合格 ごうかく	71		医師 いし	61		速達 そくたつ	76
	変化 へんか	111		性格 せいかく	73	師	看護師 かんごし	61	速	速度 そくど	18
	大変 たいへん	111		記号 きごう	72		教師 きょうし	61		速い はや	18
便	便利 べんり	68	記	記事 きじ	72	紙	紙袋 かみぶくろ	54		高速道路 こうそくどうろ	18
	船便 ふなびん	79		記入 きにゅう	72		折り紙 おがみ	39	帯	帯 おび	77

帯	携帯（電話） けいたい でんわ	77	旅	旅費 りょひ	50	婚	婚約 こんやく	90	情	表情 ひょうじょう	115
	時間帯 じかんたい	77		新婚旅行 しんこんりょこう	90		結婚 けっこん	90	接	接続 せつぞく	58
値	値上げ ね あ	68		料理酒 りょうりしゅ	94		新婚旅行 しんこんりょこう	90		直接 ちょくせつ	88
	値下げ ね さ	68		原料 げんりょう	110	混	混雑 こんざつ	54		面接 めんせつ	58
	値段 ねだん	68	料	材料 ざいりょう	54		混ぜる ま	54	雪	雪 ゆき	102
	通過 つうか	19		配送料 はいそうりょう	74	済	済む す	108		船長 せんちょう	79
	通勤 つうきん	77		無料 むりょう	12		経済 けいざい	108	船	船便 ふなびん	79
通	通路 つうろ	21	涙	涙 なみだ	85	祭	（お）祭り まつ	115		船 ふね	79
	交通 こうつう	36		連れて行く つ い	73		文化祭 ぶんかさい	115		風船 ふうせん	79
	普通 ふつう	18	連	連れて来る つ く	73	細	細かい こま	79		組み立てる く た	43
凍	凍る こお	48		連休 れんきゅう	73		細い ほそ	79	組	組む く	43
	冷凍庫 れいとうこ	48		連絡 れんらく	73	産	産婦人科 さんふじんか	38		～組 くみ	43
島	島 しま	25	**11画**			捨	捨てる す	17		番組 ばんぐみ	43
	○○島 とう	25		移動 いどう	86	授	授業 じゅぎょう	43		窓 まど	20
馬	馬 うま	61	移	移す うつ	86		教授 きょうじゅ	43	窓	窓側 まどがわ	21
	乗馬 じょうば	61		移る うつ	86	終	終了 しゅうりょう	58		窓口 まどぐち	20
	配る くば	74		黄色 きいろ	43		復習 ふくしゅう	89		内側 うちがわ	30
	配送料 はいそうりょう	74	黄	黄色い きいろ	43	習	予習 よしゅう	31		窓側 まどがわ	21
配	配達 はいたつ	74	械	機械 きかい	52		練習 れんしゅう	88	側	右側 みぎがわ	21
	心配 しんぱい	74		救急車 きゅうきゅうしゃ	40		週末 しゅうまつ	25		両側 りょうがわ	21
	宅配 たくはい	74	救	救助 きゅうじょ	25	週	再来週 さらいしゅう	57		袋 ふくろ	54
俳	俳優 はいゆう	22		救う すく	40		宿題 しゅくだい	89		紙袋 かみぶくろ	54
倍	倍 ばい	68		地球 ちきゅう	106	宿	宿泊 しゅくはく	97	袋	ごみ袋 ぶくろ	54
	～倍 ばい	68	球	電球 でんきゅう	106		宿 やど	89		手袋 てぶくろ	54
般	一般 いっぱん	104		野球 やきゅう	106		下宿 げしゅく	89		足袋 たび	54
疲	疲れる つか	94	強	強調 きょうちょう	86		技術 ぎじゅつ	34, 104	第	第～課 だい か	105
粉	粉 こな	54		教育 きょういく	61		技術者 ぎじゅつしゃ	104		断る ことわ	13
	小麦粉 こむぎこ	54		教科書 きょうかしょ	38	術	手術 しゅじゅつ	34		断水 だんすい	13
	睡眠 すいみん	94	教	教材 きょうざい	54		美術 びじゅつ	34	断	横断 おうだん	14
眠	眠い ねむ	94		教師 きょうし	61		美術館 びじゅつかん	34		横断歩道 おうだんほどう	14
	眠る ねむ	94		教授 きょうじゅ	43		商店 しょうてん	68		無断 むだん	13
容	内容 ないよう	104		経営 けいえい	108		商品 しょうひん	68	停	停車 ていしゃ	22
	美容院 びようい ん	104	経	経験 けいけん	108		常温 じょうおん	51		バス停 てい	22
流	流す なが	85, 106		経済 けいざい	108		正常 せいじょう	16	転	転職 てんしょく	104
	流れる なが	106		神経質 しんけいしつ	35	常	日常 にちじょう	16	都	都道府県 とどうふけん	112
	留学 りゅうがく	56	険	危険 きけん	16, 17		非常 ひじょう	16		動物園 どうぶつえん	34
	留守 るす	56		現れる あらわ	22		非常口 ひじょうぐち	16		移動 いどう	86
留	留守番 るすばん	56		現金 げんきん	22	情	情報 じょうほう	115	動	活動 かつどう	111
	書留 かきとめ	56	現	現在 げんざい	76		感情 かんじょう	115		感動 かんどう	87
	保留 ほりゅう	56		表現 ひょうげん	22		事情 じじょう	115		自動販売機 じどうはんばいき	52

敗	失敗 しっぱい	84	奥	奥 おく	91	減	減少 げんしょう	52	達	速達 そくたつ	76
販	販売 はんばい	52		奥さん おく	91		減量 げんりょう	52		友達 ともだち	76
	自動販売機 じどうはんばいき	52	温	温かい あたた	51		減らす へ	52		配達 はいたつ	74
婦	婦人 ふじん	38		温度 おんど	51		減る へ	52	短	短期 たんき	50
	産婦人科 さんふじんか	38		気温 きおん	51	湖	湖 みずうみ	79	遅	遅れる おく	84
	主婦 しゅふ	38		常温 じょうおん	51		びわ湖 こ	79		遅い おそ	84
	夫婦 ふうふ	79	過	過去 かこ	19	港	港 みなと	34		遅刻 ちこく	84
部	部数 ぶすう	56		過ぎる す	19		○○港 こう	34	着	着替える きが	22
	部長 ぶちょう	56		通過 つうか	19		空港 くうこう	34	痛	痛い いた	92
	部分 ぶぶん	56	絵	絵 え	43	最	最近 さいきん	88		頭痛 ずつう	92
	部屋 へや	56		絵本 えほん	43		最後 さいご	88		腹痛 ふくつう	92
	学部 がくぶ	56		絵画 かいが	43		最初 さいしょ	88, 97	渡	渡す わた	43
	全部 ぜんぶ	32	開	開閉 かいへい	30		最も もっと	88		渡る わた	43
閉	閉まる し	30	階	階段 かいだん	16	歯	歯科 しか	92	登	登山 とざん	59
	閉める し	30		〜階 かい	16		歯 は	92		登録 とうろく	59
	開閉 かいへい	30	割	割合 わりあい	68		歯医者 はいしゃ	92		登る のぼ	59
望	望む のぞ	74		割引 わりびき	68		歯並び はなら	93	湯	(お)湯 ゆ	53
	希望 きぼう	74		割る わ	68		虫歯 むしば	92	答	解答 かいとう	32
	失望 しつぼう	74		割れる わ	68	集	募集 ぼしゅう	104		道路 どうろ	21
務	公務員 こうむいん	105	換	交換 こうかん	36, 75	勝	勝つ か	106		横断歩道 おうだんほどう	14
	事務 じむ	105		乗り換え のか	75		勝負 しょうぶ	106		高速道路 こうそくどうろ	18
	事務所 じむしょ	105		代金引換 だいきんひきかえ	75		決勝 けっしょう	106	道	鉄道 てつどう	19
	税務署 ぜいむしょ	105		間違い まちが	88		優勝 ゆうしょう	106		都道府県 とどうふけん	112
問	難問 なんもん	86		間違う まちが	88	焼	焼く や	55		歩道橋 ほどうきょう	37
野	野球 やきゅう	106	間	間違える まちが	88		焼ける や	55	飯	晩ご飯 ばんごはん	25
郵	郵便 ゆうびん	36		期間 きかん	50		卵焼き たまごや	54		晩 ばん	25
	郵便局 ゆうびんきょく	36		時間帯 じかんたい	77	粧	化粧 けしょう	110		晩ご飯 ばんごはん	25
欲	欲しい ほ	94		期間 きかん	50	場	職場 しょくば	104	晩	今晩 こんばん	25
	意欲 いよく	94		期限 きげん	50		駐車場 ちゅうしゃじょう	12		毎晩 まいばん	25
	食欲 しょくよく	94	期	賞味期限 しょうみきげん	50		飛行場 ひこうじょう	15		番組 ばんぐみ	43
理	理解 りかい	32		短期 たんき	50	晴	晴れ は	102		番号 ばんごう	20
	理由 りゆう	20		長期 ちょうき	50		晴れる は	102		〜番 ばん	20
	整理 せいり	22		定期券 ていきけん	50		税金 ぜいきん	70	番	〜番線 ばんせん	18, 20
	整理券 せいりけん	22	勤	勤める つと	77		税込 ぜいこみ	70		交番 こうばん	36
	無理 むり	12		通勤 つうきん	77	税	税務署 ぜいむしょ	105		留守番 るすばん	56
	料理酒 りょうりしゅ	94		結果 けっか	107		消費税 しょうひぜい	70		費用 ひよう	50
12画				結局 けっきょく	90	替	着替える きが	22		会費 かいひ	50
雲	雲 くも	102	結	結構 けっこう	90		取り替える とか	22	費	消費者 しょうひしゃ	50
営	営業 えいぎょう	30		結婚 けっこん	90		両替 りょうがえ	22		消費税 しょうひぜい	70
	経営 けいえい	108		結ぶ むす	90	達	上達 じょうたつ	76		旅費 りょひ	50

備	備える そな	30	煙	煙 けむり	32	数	個数 こすう	67	際	国際 こくさい	110
	守備 しゅび	56		禁煙 きんえん	32		冊数 さっすう	66		国際的 こくさいてき	112
	準備 じゅんび	30	塩	塩 しお	66		点数 てんすう	36		実際に じっさい	112
普	普通 ふつう	18		食塩 しょくえん	66		部数 ぶすう	56	察	警察 けいさつ	40
復	復習 ふくしゅう	89	解	解説 かいせつ	32		枚数 まいすう	67		警察署 けいさつしょ	40
	往復 おうふく	89		解答 かいとう	32	戦	戦後 せんご	108	雑	混雑 こんざつ	54
	回復 かいふく	89		分解 ぶんかい	32		戦争 せんそう	108	種	種類 しゅるい	61
募	募集 ぼしゅう	104		理解 りかい	32		戦う たたか	108		種 たね	61
報	報告 ほうこく	102		了解 りょうかい	58	想	感想 かんそう	87	障	故障 こしょう	41
	情報 じょうほう	115	感	感情 かんじょう	115		予想 よそう	87	製	製造 せいぞう	50
	予報 よほう	102		感じる かん	87	続	続く つづ	58		製品 せいひん	50
貿	貿易 ぼうえき	108		感想 かんそう	87		続ける つづ	58		○○製 せい	50
満	満員 まんいん	12		感動 かんどう	87		接続 せつぞく	58	説	解説 かいせつ	32
	満車 まんしゃ	12	業	営業 えいぎょう	30	暖	暖かい あたた	102	増	増加 ぞうか	52, 115
	不満 ふまん	12		残業 ざんぎょう	70		暖房 だんぼう	102		増量 ぞうりょう	52
	～未満 みまん	25		授業 じゅぎょう	43	鉄	鉄 てつ	19		増える ふ	52
無	無い な	12		職業 しょくぎょう	104		鉄道 てつどう	19		増やす ふ	52
	無休 むきゅう	12	禁	禁煙 きんえん	32		地下鉄 ちかてつ	19	適	適当 てきとう	88
	無断 むだん	13		禁止 きんし	12		電球 でんきゅう	106		快適 かいてき	88
	無理 むり	12	携	携帯（電話） けいたい でんわ	77	電	電波 でんぱ	103	認	認める みと	15
	無料 むりょう	12	歳	～歳 さい	72		携帯（電話） けいたい でんわ	77		確認 かくにん	15
遊	遊ぶ あそ	34		二十歳／二十歳 にじゅっさい はたち	72	働	労働者 ろうどうしゃ	115	鼻	鼻 はな	38
	遊園地 ゆうえんち	34	辞	辞書 じしょ	89	腹	腹痛 ふくつう	92		耳鼻科 じびか	38
葉	葉 は	97		辞める や	89	預	預ける あず	76	鳴	鳴く な	97
	紅葉 こうよう	97	準	準備 じゅんび	30		預金 よきん	76		鳴る な	97
	言葉 ことば	97	署	警察署 けいさつしょ	40	裏	裏 うら	55	様	様子 ようす	32
絡	連絡 れんらく	73		税務署 ぜいむしょ	105		裏返す うらがえ	55		○○様 さま	32
量	量 りょう	52	寝	寝坊 ねぼう	91	路	高速道路 こうそくどうろ	18		お客様 きゃくさま	32
	減量 げんりょう	52		寝る ね	91		線路 せんろ	21		神様 かみさま	35
	数量 すうりょう	52		昼寝 ひるね	91		通路 つうろ	21	緑	緑（色） みどり いろ	66
	増量 ぞうりょう	52	新	新型 しんがた	70		道路 どうろ	21		緑茶 りょくちゃ	66
13画				新婚旅行 しんこんりょこう	90	話	携帯（電話） けいたい でんわ	77	練	練習 れんしゅう	88
意	意欲 いよく	94	睡	睡眠 すいみん	94	**14画**			**15画**		
違	違う ちが	88	数	数 かず	56	駅	各駅 かくえき	18	横	横断 おうだん	14
	間違い まちが	88		数える かぞ	56	関	関係 かんけい	13		横断歩道 おうだん ほどう	14
	間違う まちが	88		数学 すうがく	56		関心 かんしん	12		横 よこ	14
	間違える まちが	88		数字 すうじ	56		関する かん	12	課	課長 かちょう	105
園	公園 こうえん	37		数式 すうしき	14	語	単語 たんご	86		第～課 だい か	105
	動物園 どうぶつえん	34		数量 すうりょう	52	構	結構 けっこう	90	確	確認 かくにん	15
	遊園地 ゆうえんち	34		回数券 かいすうけん	22	際	交際 こうさい	110		確か たし	14

確	確かめる たし	14	橋	橋 はし	37	題	宿題 しゅくだい	89	
	正確 せいかく	14		歩道橋 ほどうきょう	37		難問 なんもん	86	
質	神経質 しんけいしつ	35	親	両親 りょうしん	22	難	難しい むずかしい	86	
賞	賞 しょう	50	整	整形外科 せいけいげか	38		困難 こんなん	86	
	賞金 しょうきん	50		整理 せいり	22		衣類 いるい	76	
	賞品 しょうひん	50		整理券 せいりけん	22		種類 しゅるい	61	
	賞味期限 しょうみきげん	50	糖	砂糖 さとう	66	類	書類 しょるい	61	
震	震度 しんど	103	頭	頭痛 ずつう	92		人類 じんるい	61	
	地震 じしん	103	濃	濃い こい	56		分類 ぶんるい	61	
請	請求書 せいきゅうしょ	104	薄	薄い うすい	56	**19画**			
	申請 しんせい	72	薬	薬局 やっきょく	36	願	願う ねがう	33	
線	線 せん	18	輸	輸出 ゆしゅつ	109		警官 けいかん	40	
	線路 せんろ	21		輸送 ゆそう	109	警	警察 けいさつ	40	
	曲線 きょくせん	90		輸入 ゆにゅう	109		警察署 けいさつしょ	40	
	直線 ちょくせん	88	録	録音 ろくおん	59	**20画**			
	〜番線 ばんせん	18, 20		録画 ろくが	59	議	議員 ぎいん	111	
選	選ぶ えらぶ	88		記録 きろく	59		会議 かいぎ	111	
	選挙 せんきょ	88		登録 とうろく	59	護	看護師 かんごし	61	
	選手 せんしゅ	88	**17画**						
蔵	冷蔵庫 れいぞうこ	48		優しい やさしい	22				
談	相談 そうだん	109	優	優勝 ゆうしょう	106				
駐	駐車 ちゅうしゃ	12		優先席 ゆうせんせき	22				
	駐車券 ちゅうしゃけん	22		俳優 はいゆう	22				
	駐車場 ちゅうしゃじょう	12	療	治療 ちりょう	92				
調	調べる しらべる	86	齢	高齢 こうれい	72				
	調査 ちょうさ	86		年齢 ねんれい	72				
	調子 ちょうし	86	**18画**						
	強調 きょうちょう	86	額	金額 きんがく	75				
	熱い あつい	92		半額 はんがく	75				
熱	熱 ねつ	92	簡	簡単 かんたん	86				
	熱心 ねっしん	92	観	観客 かんきゃく	34				
箱	箱 はこ	16		観光 かんこう	34				
	ごみ箱 ばこ	16	顔	笑顔 えがお	85				
輪	指輪 ゆびわ	20		経験 けいけん	108				
16画			験	実験 じっけん	112				
館	美術館 びじゅつかん	34		受験 じゅけん	38				
機	機会 きかい	52		職員 しょくいん	104				
	機械 きかい	52	職	職業 しょくぎょう	104				
	自動販売機 じどうはんばいき	52		職場 しょくば	104				
	飛行機 ひこうき	52		転職 てんしょく	104				

イラスト	花色木綿
翻訳・翻訳校正	Hannah Rosszell ／ Rory Rosszell ／ Philip White ／ Ian Chun（英語）
	李煒／大新書局編集部（中国語）
	崔明淑／時事日本語社（韓国語）
編集協力・DTP	株式会社明昌堂
装丁	岡崎裕樹
印刷・製本	日経印刷株式会社

「日本語能力試験」対策
日本語総まとめ N3 漢字 ［増補改訂版］

2010年4月10日　初版　第1刷発行
2022年8月25日　増補改訂版　第1刷発行
2023年9月5日　増補改訂版　第3刷発行

著　者　　佐々木仁子・松本紀子
発　行　　株式会社アスク
　　　　　〒162-8558　東京都新宿区下宮比町2-6
　　　　　TEL 03-3267-6864
発行人　　天谷修身

許可なしに転載、複製することを禁じます。
©Hitoko Sasaki, Noriko Matsumoto 2022　Printed in Japan　ISBN 978-4-86639-496-1
アンケートにご協力ください
PC  Smartphone

増補改訂版 「日本語能力試験」対策
日本語総まとめ
英語・ベトナム語版

N3 漢字
かんじ
別冊
べっさつ

▷ れんしゅう　[正しい文の読み]
　　　　　　　　ただ　ぶん　よ

▷ まとめの問題　[正しい文の読み]
　　　もんだい　　ただ　ぶん　よ

▷ 模擬試験　[答え]、[正しい文の読み]
　もぎしけん　こた　　ただ　ぶん　よ

正しい文のルビを隠しながら読む練習もできます。
ただ　ぶん　　　　かく　　　　　よ　　れんしゅう

第1週

1日目 れんしゅう (p.13)

① **満車**：車を止める所がいっぱいだ
② **禁止**：何かをしてはいけない
③ **無料**：代金がいらない
④ **断水**：水道が使えなくなる
⑤ **無断**：許可をもらわない
⑥ **不満**：満足していない

2日目 れんしゅう (p.15)

① **送信**：送る
② **横断**：わたる
③ **飛行**：とぶ
④ つぎの**信号**を右にまがる。
⑤ **押し入れ**に物をしまう。
⑥ **自信**を持ってスピーチをする。

3日目 れんしゅう (p.17)

① **非常**に：とても
② **ごみ箱**：いらないものを入れる
③ **正常**：問題がない
④ 運動のため**階段**を使う
⑤ 火事などのとき**非常口**からにげる
⑥ **捨て**られていたネコをひろう

4日目 れんしゅう (p.19)

① 普通電車：**各駅**に止まる電車
② 電車が**通過**する：その駅に止まらないこと
③ **先発**：先に出ること
④ 本の**目次**を見る。
⑤ 世界**各国**から人が集まる。
⑥ **高速道路**の料金をはらう。

5日目 れんしゅう (p.21)

① 外が見えるように**窓側**に座る。
② この電車は**全席指定**です。
③ **下り電車**は2**番線**です。
④ この店は**年中無休**です。
⑤ **電話番号**を教える。
⑥ **高速道路**を車で走る。

6日目 れんしゅう (p.23)

① お年寄りや体の不自由な人のための席：**優先席**
② バスが止まるところ：**バス停**
③ 円をドルに**両替**する。
④ たたみの部屋で**正座**する。
⑤ カードでも**現金**でもいいです。
⑥ パジャマに**着替え**て寝る。

7日目 まとめの問題 (p.26〜28)

1 「**飛び出し注意**」と書いてあります。
2 この時計は**正確**です。
3 **横断歩道**をわたりましょう。
4 このなべは**鉄**で作られています。
5 **優先席**ではけいたい電話を使わないでください。
6 料金は**降りる**ときにはらってください。
7 **関係者以外**入らないでください。
8 **確認**ボタンを押します。
9 ドアの**横**にスイッチがあります。
10 高速道路から**飛行場**が見えます。
11 来月のスケジュールは**未定**です。
12 車の窓からきれいな**島**が見えてきました。
13 A「どうしましたか。」
   B「指を切ってしまって、**血**が止まりません。」
14 **前向き駐車**でおねがいします、と書いてありますよ。
15 信号が青になったらわたりましょう。

16 席は何番ですか。
17 黄色い線まで下がってお待ちください。
18 あの俳優は表現力がある。
19 社長はまちがいを認めた。
20 あの信号は押しボタン式です。
21 この電車は各駅に止まります。
22 駐車場はただいま満車です。
23 1万円以上は、送料無料です。
24 整理券を取ってお待ちください。
25 お金は料金箱に入れてください。

第2週

1日目 れんしゅう (p.31)

① 営業中：店はあいている
② 準備中：店に入れない
③ 定休日：店には決まった休みの日がある
④ 営業案内：店についてのインフォメーション
⑤ 予約うけたまわります：予約できる
⑥ ご予約確認メールを3日以内にお送りします。

2日目 れんしゅう (p.33)

① 当店：この店
② 全席禁煙：全部の席でたばこが吸えない
③ 安全：危なくない
④ 解答：こたえ
⑤ 買い物をして代金をはらうのは当たり前だ。
⑥ 時計を分解してまた組み立てる。

3日目 れんしゅう (p.35)

① 遊園地：あそぶところ
② 動物園：動物を見るところ
③ 港：船が着くところ
④ 美術：アート
⑤ 神経質：小さいことを気にする
⑥ 美術館：作品を見るところ

4日目 れんしゅう (p.37)

① 差出人：手紙や荷物を送る人
② 歩道橋：車はわたれない橋
③ 5と3の差は2です。
④ 交番で道を聞く。
⑤ この本は勉強の役に立つ。
⑥ きれいな郵便切手を買いました。

5日目 れんしゅう (p.39)

① 受験：試験を受けること
② 骨折：骨がおれること
③ 婦人：女の人
④ 教科書：授業で使う本
⑤ 受信：メールなどをもらうこと
⑥ ちらかった部屋を片付ける。

6日目 れんしゅう (p.41)

① 故障：こわれている
② 伝言：メッセージ
③ 救急車：病人やけが人を運ぶ車
④ 消防車：火事を消す車
⑤ みなさんに、よろしくお伝えください。
⑥ 将来、警官になりたい。

7日目 まとめの問題 (p.44～46)

1 ご協力ありがとうございます。
2 日本語がわからなくて困っています。
3 手伝ってくれませんか。
4 美術館に絵を見に行きました。
5 空港は空の港です。
6 京都に金閣寺という有名なお寺があります。
7 地震に備えていろいろなことをしています。
8 インフルエンザを予防する。

⑨ 消しゴムを**貸して**くれませんか。
⑩ 危ないですから、黄色い線の**内側**に下がってお待ちください。
⑪ 山火事の火はやっと**消えた**そうです。
⑫ **歩道橋**を渡ろう。
⑬ 大学をやめる**教授**に花束をプレゼントする。
⑭ この図のとおりに**組み立て**ます。
⑮ この町には**観光客**がたくさん来ます。
⑯ 友達を助けるのは**当たり前**のことです。
⑰ 富士山の**形**は美しい。
⑱ ただ今、**準備中**です。
⑲ さいふをひろったので、**警察**にとどけます。
⑳ **産婦人科**の受付をする。
㉑ **当駅**では**禁煙**となっております。
㉒ この電車は**全席**、指定です。
㉓ **交差点内**に車を止めてはいけません。
㉔ 私はA案に**賛成**です。
㉕ この町の人口は**約**20万人です。

第3週

1日目　れんしゅう (p.49)

① **要冷蔵**：冷蔵する必要がある
② **お召し上がりください**：食べてください
③ **ご存じですか**：知っていますか
④ **冷凍食品**：こおった食品
⑤ 熱いですから、少し**冷まして**お飲みください。
⑥ **必死**にがんばったら合格した。

2日目　れんしゅう (p.51)

① **製造年月日**：この日につくられた
② **賞味期限**：この日までおいしく食べられる
③ **常温**で保存：冷蔵庫に入れなくていい
④ **期間限定**：その期間だけ
⑤ 優勝の**賞品**は10万円の旅行券です。
⑥ 毎日会社や学校へ通う人は**定期券**が便利で得です。

3日目　れんしゅう (p.53)

① **販売**：売ること
② **機会**：チャンス
③ **返事**：こたえること
④ **自動**：オートマチック
⑤ 人口が**減少**する。
⑥ おつりをもらうときは、**返却**ボタンを押す。

4日目　れんしゅう (p.55)

① **混雑**：人などでいっぱいのようす
② **発表**：みんなに知らせること
③ データをグラフに**表す**。
④ カンガルーのおなかには**袋**がある。
⑤ オリンピックの**代表**にえらばれる。
⑥ パンを**焼く**。

5日目　れんしゅう (p.57)

① **留学**：外国へ勉強に行くこと
② **用件**：伝えたいこと
③ **保留**：しばらくそのままにすること
④ 重要な書類を**書留**で送る。
⑤ 両親が出かけて、私は**留守番**をした。
⑥ 約束や時間を**守る**。

6日目　れんしゅう (p.59)

① **接続**：つなぐこと
② 仕事の内容をノートに**記録**する。
③ 医者の**指示**にしたがう。
④ ラジオ番組を**録音**する。
⑤ 本日の営業は**終了**しました。
⑥ **完全**：パーフェクト

7日目 まとめの問題 (p.62〜64)

1. **自動販売機**で**飲み物**を**買**う。
2. なるべく**早**く**お召し上**がりください。
3. 日本語の**教材**をさがす。
4. そこに**粉**を入れて**混**ぜます。
5. おべんとうに**卵焼**きが入っている。
6. **交通**ルールを**守**りましょう。
7. **数**を**数**えてください。
8. お**湯**を入れて、3**分待**てば、できあがりです。
9. **録音**された**伝言**を**再生**する。
10. **冷房**が**強**すぎます。
11. **書類**を**郵便**で**送**ります。
12. **乗馬用**の**馬**を**育**てる**仕事**がしたい。
13. おそくなる**場合**は**必**ず**知**らせてください。
14. A「**袋**はご**利用**ですか。」
    B「いいえ、**要**りません。」
15. このごろパソコンに**向**かう**機会**が**増**えた。
16. 図書館に本を**返**す。
17. ボクサーは**試合前**に**減量**する。
18. **使**い**終**わったら、もとの**場所**に**戻**してください。
19. **今日**はここまで。**続**きはまた**来週**。
20. **短期留学**をする。
21. **交通費**はいくらですか。
22. この**資料**を30**部**コピーしてください。
23. **紙袋**にお**入**れしましょうか。
24. **要冷凍**と書いてあります。
25. **再**ダイヤルボタンを**押**す。

第4週

1日目 れんしゅう (p.67)

① **灯油**：ヒーターなどに使う**油**
② **口紅**：**化粧品**の一つ
③ **海岸**で**砂遊**びをする。
④ この切手を10**枚**ください。
⑤ 1**個**200**円**のりんご
⑥ **図書館**で本を2**冊借**りました。

2日目 れんしゅう (p.69)

① **広告**：**商品**などについてのお知らせ
② 1**割引**：10%**安**くなること
③ **窓**ガラスが**割**れる。
④ この店の**本店**は**東京**にある。
⑤ **卵**とスープは1：3の**割合**にします。
⑥ その町の**観光客**は**前**の**年**の3**倍**に**増加**した。

3日目 れんしゅう (p.71)

① **米国**：アメリカ
② **税込**：**税金**がふくまれている
③ **合格**：**試験**に**受**かる
④ **残業**：**終**わりの**時間**が**過**ぎても**仕事**をすること
⑤ **道**が**込**んでいる。
⑥ **日本語**のクラスは**初級**、**中級**、**上級**に**分**かれています。

4日目 れんしゅう (p.73)

① **連休**：**休日**が**続**いていること
② **記入**：**書**き**入**れること
③ **祖父**は**高齢**のため、一人で**外出**できません。
④ **税金**を**申告**する。
⑤ 犬を**散歩**に**連**れて行く。
⑥ **新聞記事**を読む。

5日目 れんしゅう (p.75)

① **半額**：5**割引**
② **失望**：がっかりすること
③ **代引**き：**品物**と**代金**を**交換**すること
④ **金額**：**値段**
⑤ **空港**では、**手荷物検査**がある。
⑥ **地下鉄**に**乗**り**換**える。

6日目 れんしゅう (p.77)

① **不在**：いない
② **通勤**：仕事をする場所に通うこと
③ **衣類**：着るもの
④ この**時間帯**の電車は込みます。
⑤ 日本語が**上達**した。
⑥ 電車が**参り**ます。

7日目 まとめの問題 (p.80〜82)

1. **合格**の知らせによろこんだ。
2. **代金**は銀行から**振り込み**ます。
3. 田中と**申し**ます。
4. **中級**レベルの日本語の本をさがしています。
5. **米国**に**留学**する。
6. 携帯電話は**便利**です。
7. 品物が**入荷**したら、お知らせします。
8. 白い**砂**の上を歩きました。
9. **紅茶**にミルクを入れて飲む。
10. **支社**に**書類**を**郵送**する。
11. すみません、**細かい**お金がないんです。
12. 次の**角**を右へまがってください。
13. 夫は人と話すのが**苦手**だ。
14. 雨や風がすごいから、**雨戸**を閉めましょうか。
15. これはお知らせです。みんなに**配って**ください。
16. バスの**料金**を**払う**。
17. **宅配**で送る。
18. 子どもを両親に**預ける**。
19. このへんは**緑**が少ない。
20. **広告**でセールを知る。
21. **連休**は旅行に行く予定だ。
22. **定価**の**半額**以下で買った。
23. **消費税**は**何**パーセントですか。
24. CDを**何枚**持っていますか。
25. **大型**トラックが**事故**を起こした。

第5週

1日目 れんしゅう (p.85)

① **遅刻**：**間**に**合**わない
② **お礼**：ありがとうという**気持**ち
③ **失敗**：うまくいかないこと
④ **汗**をかく。
⑤ **卒業式**で**記念写真**をとる。
⑥ お**先**に**失礼**します。

2日目 れんしゅう (p.87)

① **調子**：ぐあい
② **移動**：位置をかえること
③ 読んだ本の**感想文**を書く。
④ **難問**にチャレンジする。
⑤ **重要**なところを**強調**する。
⑥ **卒業**に必要な**単位**を取る。

3日目 れんしゅう (p.89)

① **直線**：まっすぐな線
② **復習**：習ったことを勉強すること
③ **最近**：このごろ
④ **回復**：天気や病気などがよくなること
⑤ **選挙**で新しい**市長**を**選**ぶ。
⑥ 知り合いの家に**下宿**する。

4日目 れんしゅう (p.91)

① **寝坊**：起きる時間に起きないこと
② **婚約**：結婚の約束
③ この**曲**を聞くと国を思い出す。
④ 使わないものを押し入れの**奥**にしまう。
⑤ つぎの信号を右に**曲がって**ください。
⑥ 行くかどうかまよったが、**結局**行かなかった。

5日目　れんしゅう（p.93）

① 腹痛（ふくつう）：おなかが痛（いた）いこと
② 汚（よご）れをとる。
③ 店（みせ）の前（まえ）に品物（しなもの）を並（なら）べる。
④ 熱心（ねっしん）に勉強（べんきょう）する。
⑤ 間違（まちが）えた字（じ）を直（なお）す。
⑥ 熱（あつ）いお茶（ちゃ）

6日目　れんしゅう（p.95）

① 意欲（いよく）：やる気（き）
② 呼吸（こきゅう）：息（いき）をすること
③ 息子（むすこ）：男（おとこ）のこども
④ 独身（どくしん）：結婚（けっこん）していない
⑤ 睡眠（すいみん）：寝（ね）ること
⑥ 身長（しんちょう）：せの高（たか）さ

7日目　まとめの問題（p.98～100）

1 結婚式（けっこんしき）に出（で）られなくて残念（ざんねん）です。
2 写真（しゃしん）をとりますよ。笑（わら）って。
3 車（くるま）をあちらに移動（いどう）させてください。
4 お返事（へんじ）が遅（おく）れて、すみません。
5 山田君（やまだくん）は会社（かいしゃ）を辞（や）めたそうです。
6 くつのひもを結（むす）ぶ。
7 おじいさんは山（やま）の奥（おく）に住（す）んでいます。
8 政治（せいじ）の話（はなし）は難（むずか）しい。
9 息子（むすこ）から手紙（てがみ）が来（き）た。
10 日本酒（にほんしゅ）は米（こめ）からできています。
11 京都（きょうと）の旅館（りょかん）に泊（と）まる。
12 息（いき）を大（おお）きく吸（す）って…止（と）めてください。
13 あの人（ひと）は笑顔（えがお）がすてきですね。
14 木（こ）の葉（は）が緑色（みどりいろ）から黄色（きいろ）に変（か）わった。
15 この中（なか）から最（もっと）も適当（てきとう）なものを選（えら）びなさい。
16 お礼（れい）のはがきを書（か）いた。
17 いつ伺（うかが）えばよろしいでしょうか。
18 ことばの意味（いみ）を調（しら）べる。
19 タオルで汗（あせ）をふく。
20 頭痛薬（ずつうやく）を買（か）う。
21 まず最初（さいしょ）に材料（ざいりょう）を細（こま）かく切（き）ります。
22 天気（てんき）は回復（かいふく）に向（む）かっています。
23 昨年（さくねん）はたいへんお世話（せわ）になりました。
24 会社（かいしゃ）へ戻（もど）らずに直接（ちょくせつ）、帰宅（きたく）します。
25 食欲（しょくよく）がない。

第6週

1日目　れんしゅう（p.103）

① 暖房（だんぼう）：ヒーター
② 震度（しんど）：地震（じしん）の強（つよ）さ
③ 報告（ほうこく）：レポート
④ 風（かぜ）が吹（ふ）く。
⑤ 天気予報（てんきよほう）
⑥ 雪（ゆき）が降（ふ）る。

2日目　れんしゅう（p.105）

① 技術者（ぎじゅつしゃ）：エンジニア
② 転職（てんしょく）：仕事（しごと）を変（か）えること
③ 請求書（せいきゅうしょ）：代金（だいきん）を払（はら）う前（まえ）にもらうもの
④ 事務所（じむしょ）：オフィス
⑤ やる気（き）のある人（ひと）を求（もと）めています。
⑥ 彼（かれ）とは職場（しょくば）で知（し）り合（あ）いました。

3日目　れんしゅう（p.107）

① 投手（とうしゅ）：ピッチャー
② 家族（かぞく）は留学（りゅうがく）に反対（はんたい）した。
③ 電球（でんきゅう）を新（あたら）しいのと交換（こうかん）する。
④ 涙（なみだ）を流（なが）す。
⑤ お世話（せわ）になったことは決（けっ）して忘（わす）れません。
⑥ 試合（しあい）は3対（たい）3の同点（どうてん）だ。

4日目 れんしゅう (p.109)

① 外国と物の売り買いをすること：**貿易**
② 建物が**完成**する。
③ 戦争を**経験**する。
④ 子どもが**成長**した。
⑤ 今日の試験は**易**しかった。
⑥ 食事が**済**む。

5日目 れんしゅう (p.111)

① 水の**化学式**は H_2O です。
② 地球の気温は昔と**比**べて**上**がっている。
③ お酒の**原料**は米です。
④ ボランティア**活動**をする。
⑤ **住所**が**変**わる。
⑥ 貿易の**自由化**

6日目 れんしゅう (p.113)

① **欠点**：悪いところ
② **専門家**：プロ
③ **国際的**：インターナショナル
④ 日本へ来た**目的**は研究です。
⑤ **改札口**を出た所で待っています。
⑥ 電車の時刻が**改正**された。

7日目 まとめの問題 (p.116〜118)

1 週末は全国的に**晴れる**でしょう。
2 これは日本で**一般**に売られている食品です。
3 これはなんという**果物**ですか。
4 私たちのチームは強いチームと**戦**って勝ちました。
5 **国際会議**に出席する。
6 大学で**政治経済**を学ぶ。
7 寒さに**負**けないでがんばろう。
8 **原料**を輸入する。
9 車の窓からごみを**投げ捨**てないでください。
10 宿題を**済**ませてから、テレビを見ます。
11 私はその意見に**反対**です。
12 **お忘れ物**のないようご注意ください。
13 最後に塩を**加**えます。
14 友達の**相談相手**になる。
15 コンビニでアルバイトを**募集**している。
16 **実験**結果を**報告**する。
17 **専門家**に意見を聞く。
18 地球**温暖化**について話し合う。
19 明日は北風が**吹**いて、寒くなるでしょう。
20 父は**公務員**です。
21 次の試験は**第**10**課**までです。
22 工場は**機械化**された。
23 **個人的**な**理由**で、会社を辞めました。
24 ラジオで**天気予報**を聞く。
25 首相はニュースの内容を**否定**した。

模擬試験 第1回

答え

問題1 1) 4 2) 2 3) 1 4) 3 5) 3
         6) 3 7) 4 8) 2 9) 1 10) 3

問題2 11) 4 12) 3 13) 1 14) 3 15) 2
         16) 3 17) 4 18) 2 19) 1 20) 3

正しい文

1 彼は授業中、少し注意力に**欠ける**。
2 細かい字ばかり読んでいると目が**疲れる**。
3 入院中は医者や病院に**無断**で出かけてはいけない。
4 これは**二十歳**のときの写真です。
5 **汗**をかいたら、**着替**えてください。
6 これは**食用**の**油**です。
7 先ほど関東地方に**地震**がありました。
8 昨夜は**虫歯**が痛くて眠れませんでした。
9 おつりは出ませんから、ここで**両替**してくださ

10 前の画面に戻る時はここを押せばいいですよ。
11 毎朝、果物を食べることにしています。
12 A「荷物の中身はなんですか。」
B「衣類です。」
13 かなしくて涙が止まらない。
14 明日は強い風が吹くでしょう。
15 数学はちょっと苦手です。
16 先日のお礼にごちそうさせてください。
17 そんなことをすると、故障の原因になります。
18 スマホで交通情報を見る。
19 クレジットカードで払います。
20 窓ガラスが割れている。

12 妻は銀行に勤めています。
13 お皿が熱くなっておりますから、ご注意ください。
14 A「3時にお伺いします。」
B「お待ちしております。」
15 求人広告を見て、仕事をさがす。
16 この大学での身分は研究生です。
17 試合には負けたが、みんなよく戦った。
18 その男は、事件との関係を否定した。
19 あそこのカフェは、犬を連れて入ることができる。
20 店の前に人がたくさん並んでいる。

模擬試験 第2回

答え

問題1
1. 3　2. 1　3. 4　4. 2　5. 3
6. 1　7. 4　8. 3　9. 2　10. 3

問題2
11. 3　12. 4　13. 2　14. 1　15. 3
16. 1　17. 4　18. 4　19. 1　20. 2

正しい文

1 遅れる場合は必ず連絡をください。
2 変な電話がかかってきたら、警察に相談しましょう。
3 この食品は冷蔵庫で保存してください。
4 けが人は病院に運ばれたが、死亡した。
5 歩道橋を渡って行きましょう。
6 友達の家に遊びに行ったが、留守だった。
7 あのご夫婦は二人とも教師だそうです。
8 リバーシブルというのは、表も裏も使えるという意味です。
9 首相は否定的な考えを示した。
10 母の日に花束をあげる。
11 私の専門は政治経済です。

94961-B-230207